Der Buddha und der Terrorist

Satish Kumar

Der Buddha und der Terrorist

Eine Parabel

Aus dem Englischen von
Bernd Seligmann

O. W. Barth

*Die Originalausgabe erschien 2004
unter dem Titel
»The Buddha and the Terrorist«
bei Algonquin Books of Chapel Hill,
a Division of Workman Publishing,
New York, USA.*

www.fischerverlage.de

Erschienen bei O. W. Barth, ein Verlag
der S. Fischer Verlag GmbH, Frankfurt am Main.
First published in the United States under the title:
The Buddha and the Terrorist
Copyright © 2004 by Satish Kumar
Foreword © by Thomas Moore
Afterword © by Allan Hunt Badiner
All Rights Reserved.
Für die deutschsprachige Ausgabe:
© S. Fischer Verlag GmbH, Frankfurt am Main 2010
Satz: Fotosatz Amann, Aichstetten
Druck und Bindung: CPI – Ebner & Spiegel, Ulm
Printed in Germany

ISBN 978-3-502-61213-1

INHALT

VORWORT	Heiliger Terror	7
EINLEITUNG	Angulimala	17
KAPITEL 1	Begegnung mit der Bestie	23
KAPITEL 2	Die Bekehrung des Königs	51
KAPITEL 3	Freiheit von Furcht	65
KAPITEL 4	Spirituelle Einfachheit	77
KAPITEL 5	Der Ruf nach Rache	95
KAPITEL 6	Triumph der Vergebung	105
KAPITEL 7	Vom Tod zum Leben	127
NACHWORT		137

VORWORT

Heiliger Terror
von Thomas Moore

GEWALT GEBIERT GEWALT, so sagt man ganz richtig. Jeder Gewaltakt birgt einen Virus in sich, der brutale und sinnlose Gegengewalt erregt. Ein Terrorist jagt einen Bus in die Luft und schon rückt die Armee aus, um es ihm heimzuzahlen. Dieser Austausch von Gewalt, dieser ansteckende Terror hat sich über die Zeitalter von Familie zu Familie und Nation zu Nation fortgesetzt, eine Kette des Grauens: die einen rasend in ihrer Wut, die anderen ebenso fehlgeleitet in ihrer Selbstgerechtigkeit und ihrem Bestehen auf Vergeltung.

Doch hier ist die gute Nachricht: Das christliche Evangelium, der Dharma des Buddha, das Dao des Laotse und die Tariqa, der Weg der Liebe im Sufismus, sie alle lehren, dass man diese Kette auftrennen und sich von ihr befreien kann. Wenn schändliche Grausamkeit in unser Leben einbricht, müssen wir nicht mit eigener Gewalt reagieren, sei sie noch so ethisch berechtigt und angemessen. Es steht in unserer Macht, den Entschluss zu fassen, nicht mehr teilzunehmen an diesem Gewaltkreislauf, und dieser Entschluss ist ein erster Schritt zum Frieden.

Um aus dem Kreislauf des Terrors auszubrechen, müssen wir uns zunächst ganz vernunftwidrig benehmen. Wir müssen der Vergeltung abschwören und alle Erwartungen aufgeben, die von Gesellschaft, Freunden und Familie mehrheitlich als vernünftig und selbstverständlich angenommen werden. Diesen Weg muss man wahrscheinlich allein gehen. Wir müssen also unserer spirituellen Intuition vertrauen. Man mag uns für passiv oder schwach halten, doch wir wissen um die innere Kraft, die erforderlich ist, um jene Gewohnheiten von Rache und Bestrafung zu durchbrechen, die als recht und billig gelten.

Wir müssen auf unsere spirituelle Intuition zurückgreifen, denn der Weg aus der Gewalt gründet auf einer großen, alles durchdringenden Vision. Man muss zu dem tiefen Verständnis kommen, dass Terrorismus jedweder Art eine geistige Verirrung ist, sei es das Werk einer Rebellenbande oder der legitimierte, offizielle Gewalteinsatz einer Armee. Man muss begreifen, dass Gewalt, selbst wenn es sich um kalkulierte Gewalt handelt, stets Ausdruck einer gequälten und verirrten Seele ist. Sie entspringt einem Trieb, der von einem Menschen oder Volk Besitz ergreift und sie blind macht für menschliche Verbundenheit und Gemeinschaft. Unsere Aufgabe im Geiste Jesu und des Buddha ist es nun, die Seelen derer zu besänftigen, die an Gewalt beteiligt sind.

TERROR, WÖRTLICH eigentlich Furcht und Schrecken, ist mehr als die Panik des verschreckten Tiers. Terror ist das tiefe, essentielle Bewusstsein der Lebenskraft an sich. In einem Psalm heißt es: »Denn Furcht gebietend ist der Herr, der Höchste.« Und zur Einweihung einer Kirche singt der Chor: »Schrecklich ist dieser Ort …«

Der Herr, der Quell des Lebens, erregt wahrhaft Schrecken — weil das Leben so geheimnisvoll ist, so überwältigend, und weil es so viel Kraft und so viel Tod birgt. Nach einer klassischen Definition ist das Heilige ein »mysterium tremendum et fascinans«, es lässt uns erzittern und staunen. Äußerster Terror ist die ehrfürchtige Erkenntnis der Heiligkeit des Lebens.

All dies unterliegt jedoch unseren menschlichen Neurosen und Psychosen. Es ist durchaus angemessen, vor dem Anblick und im Gefühl der Schönheit und Macht der Natur zu erzittern. Dagegen ist es ein Hohn, wenn ein Mensch einen anderen zwingt, vor seinen Waffen und seiner Grausamkeit zu erbeben. Der größte Segen kann zu einem gefährlichen und hässlichen Unding werden, gewöhnlich, indem wir einen »Ismus« daraus machen: Aus Gemeinschaft wird Kommunismus, Nationalität wird Nationalismus, Ehrfurcht entartet zu Terrorismus. Terrorismus ist ein Frevel, dem wir entgegenwirken müssen, indem wir die Heiligkeit des Lebens wiederherstellen.

DER MENSCH VERSUCHT stets, den Schrecken der Lebenskraft für seine Zwecke auszuspielen. Im Irischen Nationalmuseum gibt es antike, kunstvoll gefertigte Hörner zu sehen und zu hören, die vor der Schlacht geblasen wurden, um den Feind zu terrorisieren. Die Präriekrieger Amerikas bedeckten sich vor der Schlacht mit Kriegsbemalung, um den Feind in Angst und Schrecken zu versetzen. Und der Ehemann terrorisiert seine Frau, indem er sie anbrüllt und das Mobiliar zertrümmert.

Die Versuchung ist groß, auf gemeinen Terrorismus mit einer Art von Gewalt zu reagieren, die zivilisierter erscheint. Wir verbergen unseren Terrorismus unter Schichten von Patriotismus, Frömmigkeit und sonstigen Rechtfertigungen. Doch hinter der Maske all dieser äußeren Formen stoßen wir in unsere Hörner wie die Keltenkrieger und reden uns noch ein, wir seien unschuldig, während wir schon unsere Waffen laden.

Religionen erklären die menschliche Liebe zum Krieg, die damit zu einer verfehlten und missverstandenen Art des Ringens mit Ignoranz und blinder Leidenschaft wird. Für die Mehrheit in der Welt des Islam bedeutet »Dschihad« zuallererst spirituelles Ringen um Erkenntnis und Ruhe. Jesus sagte zwar, er käme mit dem Schwert, hatte aber kein tatsächliches Gefecht im Sinn — seinen Jünger Petrus forderte er auf, das Schwert wegzustecken.

Die Abkehr von Terrorismus hat nichts mit Passivität oder Feigheit zu tun. Sie zeugt vielmehr *von unserer Vorstellungsgabe, Selbstbeherrschung und Kraft, Terrorismus wieder auf die Ehrfurcht vor der Schönheit und Macht des Lebens zurückzuführen. So werden wir zu spirituellen Kriegern. Wir erkennen, dass weit mehr Mut dazu gehört, den Trieb zu selbstgerechter Rache zu beherrschen und den vermeintlichen Feind zu umarmen, als diesem Trieb einfach nachzugeben. Die wirkliche Schlacht, die es zu gewinnen gilt, richtet sich gegen unsere Selbstsucht und die Tendenz, die Welt in Freund und Feind aufzuteilen.*

Jesus und Buddha lehnen es ab, an einer derart gespaltenen Welt teilzuhaben. Jesus sagt: »Liebt eure Feinde«, und Buddha schließt Freundschaft mit einem blutrünstigen Verbrecher. Diese Beispiele stehen dem »natürlichen« Impuls entgegen, Terrorismus mit massiver Gewalt zu begegnen. Genau das ist aber das Wesen religiöser und spiritueller Gesinnung. Sie bietet eine Alternative zu roher, brutaler Leidenschaft. Sie sieht die Welt anders.

Spiritualität ist radikal, indem sie die Pflicht impliziert, menschliche Gemeinschaft wiederherzustellen, wo immer sie zusammengebrochen ist. Im Geist der Religionen wird Furcht zu Ehrfurcht und Gewalt zu Barmherzigkeit. Barmherzigkeit wirkt selbst durch die kleinsten Taten, Tag für Tag.

In seiner letzten Rede hielt Buddha zur Besinnung einfach eine Blume hoch. Sein Symbol ist die Lotosblume, eine zarte, aber starke Pflanze mit langer und fester Nährwurzel. Der Terrorist dagegen, in seinem groben Irrglauben über das Wesen der Macht, hält ein Gewehr hoch, um uns Furcht einzuflößen. Als Menschen haben wir die spirituelle Pflicht, die durch die Blume symbolisierte Kraft wiederherzustellen und die durch die Waffe dargestellte Schwäche endlich zu heilen.

Der sufische Dichter Rumi erzählt von Ali, einem großen Krieger. Einmal, als er einen Ritter überwältigt hatte und mit dem Schwert über ihm stand, spuckte der Unterlegene ihm ins Gesicht. Ali ließ *daraufhin die Waffe fallen und half dem Mann hoch. Der Mann war verwirrt. Warum handelte Ali so?*

»Ich bin der Löwe Gottes, nicht der Löwe des Zorns«, erklärte Ali. »Ich lasse mich nicht treiben, wenn sich der Sturm der Leidenschaft erhebt. Das Gift deines Speichels ist zum Honig der Freundschaft geworden.«

EINLEITUNG

✤

Angulimala

DIE GESCHICHTE DES Angulimala ist Teil des buddhistischen Schrifttums. Ich selbst habe sie von Gunaratna gehört, einem buddhistischen Mönch in Sri Lanka, und später von einem tibetischen Lama. Später las ich die Geschichte wieder in Bhikkhu Nanamolis »Life of the Buddha« und in »Old Path White Clouds« von Thich Nhat Hanh. Im klassischen Original der antiken Schriften ist Angulimala von hoher Kaste, Sohn des Brahmanen Gagga und seiner Frau Mantani.

In der mündlichen Überlieferung Indiens gibt es jedoch viele verschiedene Versionen. In der, die meine Mutter mir in früher Kindheit erzählte, war Angulimala ein Ausgestoßener, ein Unberührbarer. Die Erniedrigung und Diskriminierung, die er erlitt, machten ihn zum Rebellen, der mit brutalen Mitteln um Macht und Kontrolle rang. Diese Version der Geschichte bietet eine bessere Erklärung dafür, dass jemand, den seine Eltern ursprünglich Ahimsaka (»der Gewaltlose«) genannt hatten, das Schwert ergreift und zu dem als Angulimala (»Träger des Fingerhalsbands«) bekannten Mörder wird. In meiner Nacherzählung der Geschichte bin ich lieber dieser Version gefolgt. Die buddhistische Version macht nicht klar, wie ein in eine privilegierte Kaste geborener Brahmanenjunge in solche Raserei verfallen konnte. Ich hoffe, meine buddhistischen Freunde nehmen es mir nicht übel, dass ich die Geschichten so vermische.

Meine Absicht beim Verfassen dieser Erzählung

war zweierlei: Erstens wollte ich zeigen, dass es einen anderen, wirksameren Weg gibt, den Terror zu überwinden, als Feuer mit Feuer zu bekämpfen. Zweitens wollte ich den Leser durch die Erzählung mit buddhistischer Philosophie, so wie ich sie verstehe, bekannt machen. In diesen unruhigen Zeiten müssen wir Mut, Kreativität und Mitgefühl zeigen. Wir müssen unsere Phantasie anstrengen, wenn wir eine bessere Zukunft schaffen wollen. Deshalb ist die Geschichte von Angulimala heute so relevant wie eh und je.

Für die Namen, die nicht in alltäglichem Gebrauch sind, habe ich die Pali-Schreibweise gewählt. Ansonsten halte ich mich an die gebräuchliche Sanskrit-Schreibweise.

Ich danke June Mitchell, meiner Frau, dass sie meiner Nacherzählung gelauscht und mir als Schreiberin und Lektorin gedient hat. Ich danke auch meinen Freunden Lindsay Clarke, John Lane, John Moat, Stephen Batchelor und Chris Cullen für ihre Durchsicht des Manuskripts und ihre überaus hilfreichen Ratschläge. Vielen Dank auch an Roger und Claire Ash-Wheeler für ihre Gastfreundschaft im Bootshaus am Dart, wo ich ungestört arbeiten konnte.

Satish Kumar

KAPITEL 1

Begegnung mit der Bestie

Als Buddha Gautama vor langer Zeit nach Savatthi kam, einer Stadt in der Ganges-Ebene in Nordindien, fand er alles verlassen vor. Die Geschäfte waren versperrt, die Haustüren verrammelt und die Straßen menschenleer. Der Buddha hoffte, er könnte sich ein Mittagessen erbetteln. So klopfte er an der Tür der Nandini, einer eifrigen Anhängerin, die ängstlich aus einem Fenster schaute. Als sie den Buddha sah, öffnete sie ihm eilig und sagte, er solle sofort hereinkommen, bevor sie schnell die Tür hinter ihm zuschlug und hastig den Riegel vorschob. Der Buddha wusste kaum, wie ihm geschah.

»Was ist passiert?«, fragte er mit besorgter Stimme. »Ich sehe Furcht in deiner Miene. Warum sind die Straßen so leer?«

»Hast du nichts davon gehört, Herr?«, erwiderte Nandini. »Ein Kerl namens Angulimala hat mit seinen Morden die ganze Stadt in Angst und Schrecken versetzt.«

Sie holte tief Atem. Sie machte sich Sorgen, weil der Buddha, so ahnungslos und verletzbar, einfach durch die Stadt spaziert war. Was, wenn er Angulimala über den Weg gelaufen wäre? Nandini schauderte bei dem Gedanken.

»Wer ist Angulimala?«, fragte der Buddha.

»Er trägt eine Mala aus Menschenfingern um den Hals, daher sein Name. Er kennt keine Gnade. Er mordet Menschen, nur um ihnen die Finger abzuschneiden. Er ist stark, geschickt und waghalsig – und er ist schlau. Alle haben Angst vor ihm.«

Buddhas Miene war inzwischen tiefernst. Er blieb stumm und nachdenklich.

NANDINI GAB DEM BUDDHA eine Schale Reis mit Mangosaft und Honig, doch mit den Gedanken war sie ganz woanders. Sie dachte an Angulimala.

»Bitte bleib hier«, flehte sie den Buddha an. »Geh nicht allein nach draußen. Es ist gefährlich.«

»Aber meine Schüler warten auf mich. Ich muss zum Jeta-Hain.«

»Nein, nicht in den Wald! Das ist die Gegend, wo Angulimala sich versteckt hält, im Wald zwischen der Stadt und dem Jeta-Hain. Bitte geh nicht, Herr, wenigstens nicht durch diesen Wald! Angulimala wird keinen Unterschied sehen zwischen dem barmherzigen Buddha und einem normalen Sterblichen. Du darfst es nicht riskieren. Er ist ein Verbrecher. Wer ihn fasst, bekommt tausend Goldmünzen, so steht es auf dem Steckbrief.«

»Nandini, der Buddha fürchtet den Tod nicht, und der Buddha ändert seine Pläne nicht aus irgendeiner Furcht. Der Reis mit Mangosaft war sehr sättigend. Danke für die großzügige Gabe.«

Der Buddha wandte sich zur verriegelten Haustür, doch Nandini wollte ihn nicht gehen lassen.

»Ich warte«, sagte Buddha. »Öffne bitte die Tür.«

»Nein, Herr, bitte höre auf mich. Du darfst

nicht in Angulimalas Nähe kommen. Er ist sehr gefährlich.«

»Liebe Nandini, vertraue dem Buddha. Er weiß schon, was er tut. Befreie dich von deiner Furcht.«

»Aber ich fürchte um dein Leben, erhabener Buddha«, entgegnete Nandini.

»Ein Leben in Furcht ist kein Leben«, antwortete der Buddha. »Es mag dem König aufgegeben sein, die Verbrecher zu töten, doch Buddhas Berufung ist, sie zu ändern, zu erwecken und von ihrer Unwissenheit zu befreien. Also, Nandini, halte mich nicht von meinen Pflichten ab.«

»So glaube mir doch, Herr, für Angulimala gilt das alles nicht«, beschwor Nandini den Buddha.

»Gnädige Nandini, ich verstehe deine Sorge«, entgegnete der Buddha, »aber du musst auch verstehen, dass meine Liebe, meine Freundschaft und mein Mitgefühl nicht auf diejenigen beschränkt sind, mit denen mich schon gemeinsame Überzeugungen verbinden. Ich muss auch die erreichen, die *von Zorn und Unwissenheit besessen sind, und ihre verwundeten Seelen heilen, das ist mein Beruf. Ich kümmere mich nicht um mein Leben oder meinen Tod — ich kümmere mich um Angulimala.«*

Für Nandini grenzte die Arglosigkeit des Buddha an Naivität. Während sie über Möglichkeiten nachdachte, wie sie ihn davon abhalten könnte, Angulimala entgegenzutreten, sprach er das letzte Wort:

»Nandini, ich würde glücklich sterben, wenn es meines Todes bedürfte, Angulimala zu retten.«

So öffnete Nandini schließlich die Tür, mit zitternden Händen, trotz ihrer Furcht. Sie sah Angulimalas Finger schon an Buddhas Hals und schüttelte sich bei dem Gedanken.

»Herr, sei nur vorsichtig, sehr vorsichtig. Leb wohl.«

Der Buddha hob eine Hand zum Segen und machte sich ruhig auf den Weg aus der Stadt hinaus.

DER BUDDHA FOLGTE dem Pfad zum Jeta-Hain, ganz allein, ungehindert und ungestört in der Kühle des Waldes. Er ging weiter, immer tiefer in den Wald, seine Schritte waren der einzige Laut in der Stille – und der einzige Mensch, der sie hörte, war Angulimala. »Was ist das?«, fragte er sich. »Wer geht da durch den Wald? Wer wagt sich auf mein Territorium?«

IN DER FERNE sah er eine Gestalt, ganz in Gelb gekleidet, sich langsam durch den Wald bewegen. Angulimala schüttelte ungläubig den Kopf und schaute noch einmal hin. Die Gestalt schien tatsächlich auf ihn zuzukommen.

ANGULIMALA GRIFF freudig zu seinem Schwert und setzte sich in Bewegung.
»Ha! Noch zehn Finger für meine Halskette, und so einfach!«, sagte er sich.
So kam er mit erhobenem Schwert auf den

Buddha zu, der, als er die zornige Fratze sah, sofort wusste, dass er Angulimala vor sich hatte. Der Buddha lächelte und ging einfach weiter. Angulimala war verblüfft. Es war das erste Mal, dass jemand keine Angst vor ihm zeigte und nicht vor ihm weglief, sobald er ihn sah.

»Weiß dieser Dummkopf etwa nicht, wer ich bin. Das werde ich ihm bald beibringen«, brummte Angulimala.

KURZ DARAUF HÖRTE er eine anmutige Stimme seinen Namen rufen: »Angulimala, Angulimala, Angulimala!«

»Er weiß offenbar doch von mir«, staunte Angulimala, »er weiß, wie ich heiße, und trotzdem ... trotzdem?«

»Wer bist du?«, rief er mit lauter Stimme. »Warum fliehst du nicht vor mir? Weißt du nicht, dass ich dich töten werde, ohne mit der Wimper zu zucken, und deine Finger auf mein Halsband fädeln werde?«

»Ja, ja, ich weiß, wer du bist. Aber woher weißt du, dass man mich töten kann, ohne mit der Wimper zu zucken? — Ich bin immer bereit, zu sterben. Sterben schadet niemandem — aber Töten? Was empfindest du, wenn du andere umbringst? Hast du je tief nach deinen Gefühlen geforscht, was das Töten angeht?«

DER BUDDHA BETRACHTETE den Mann, den er vor sich hatte. Von manchen der Finger an der Halskette tropfte noch das Blut. Die blutbefleckten Kleider und der verschwitzte Körper verströmten einen unheimlichen Gestank. Der schwere, schwarze Vollbart und das lange, verfilzte Haar bebten vor Aggression. Die meisten Sterblichen hätten vor dieser muskelbepackten, furchterregenden Gestalt die Flucht ergriffen, doch der Buddha stand felsenfest.

»Ich weiß, du kannst mich töten. Vielleicht wirst du es sogar tun«, sagte er. »Aber wenn du tötest,

tötest du nur dich selbst, niemand anderen, weil ich kein anderer bin als du und du derselbe bist wie ich. Was immer du mir antust, tust du dir selbst an, Angulimala. Ich sage dir aber eines: Du bist nicht nur fähig zu töten, du hast auch die Fähigkeit zu Liebe und Barmherzigkeit. Du kannst dich ändern, du bist zu Freundschaft fähig.«

Der Buddha hielt inne und lächelte.

»Ich habe keine Freunde.«

»Aber ich bin dein Freund, Angulimala, deshalb bin ich hergekommen: um dich kennenzulernen und mit dir zu reden.«

Angulimala erbebte, als er diese Worte hörte.

»Du? Mein Freund? Ich habe alle Freundschaft aufgegeben. Ich habe die Welt aufgegeben.«

Buddha war zufrieden. Angulimala sprach schließlich, anstatt sein Schwert zu gebrauchen.

»Warum hast du die Welt aufgegeben, Angulimala?«

»Weil die Welt mich aufgegeben hat.«

»Warum hat die Welt dich aufgegeben?«

»Weil mein Dorf mich aufgegeben hat.«

»Warum hat dein Dorf dich aufgegeben?«

»Weil meine Familie mich aufgegeben hat.«

»Warum hat deine Familie dich aufgegeben?«

»Weil meine Mutter mich aufgegeben hat.«

»Warum hat deine Mutter dich aufgegeben, Angulimala?«

»Weil meine Mutter meinem Vater folgte. Obwohl sie mich liebte, hat sie mich aufgegeben, weil mein Vater mich aufgegeben hatte.«

»Warum hat dein Vater dich aufgegeben?«, fragte der Buddha mit leiser Stimme.

»Weil ich mich nicht mit ihm verstand. Ich war ungehorsam und rebellierte gegen ihn. Ich wollte mein eigener Herr sein und meinen eigenen Weg gehen, aber er wollte nicht. Dann schlug ich ihn eines Tages, weil ich so wütend auf ihn war.«

BUDDHA SCHLOSS DIE Augen. Er holte tief Luft und sagte schließlich mit tröstlicher Stimme. »Angulimala, hatte der Zorn dich so überwältigt, dass du dich von deinem Vater getrennt sahst? War dieses Gefühl der Trennung die Ursache des Streits zwischen euch beiden? Ist es nicht so, Angulimala? Hattest du nicht deinen Sinn für Verbundenheit aufgegeben, bevor du deinen Vater aufgabst? Und stimmt es dann nicht auch, dass du selbst der Grund bist für all dieses Aufgeben? Ich bin dein Freund, Angulimala, und ich will dir helfen, die Ursache deines Schmerzes und deiner Probleme zu erkennen — zu erkennen, was dein Kummer und dein Leiden ist, und zu begreifen, dass niemand anderes als du selbst für dein Handeln verantwortlich ist.«

Angulimala war sprachlos. So hatte noch nie jemand mit ihm geredet.

ANGULIMALA ERINNERTE sich an seine Kindheit voller Entbehrungen. Er erinnerte sich, wie ihn die Jungen höherer Kasten gedemütigt hatten und sein Vater von Männern höherer Abkunft verachtet und bloßgestellt worden war. Damals konnte er mit seinem Zorn nur fertig werden, indem er ihn an seinem Vater ausließ. Doch was konnte sein Vater schon tun? Der Mann war nicht nur arm, er war auch ein Opfer von Geburt und Umständen. Es änderte nichts an den Zuständen in seiner Gemeinschaft, dass er seinen Vater und seine Familie dafür verantwortlich machte. Er wünschte, er hätte viel früher einen Mann wie diesen getroffen, diesen Mönch, diesen Buddha, der ihm zuhören und ihn aus diesem einsamen Krieg mit sich selbst reißen konnte.

NACH EINIGEN Augenblicken des Nachdenkens sagte er: »So habe ich mein Leben noch nie gesehen. Ich bin von zu Hause weggegangen, weil ich Freiheit und Würde suchte, für mich, für meine

Familie, für meine Leute. Ich traf einen Schamanen, der die Macht verleihen konnte, die, wie er sagte, ›auf der Schwertklinge wohnt‹. Ich sagte zu ihm: ›Ich will diese Macht. Was muss ich dafür tun?‹ Darauf belegte der Schamane dieses Schwert mit einem Zauber und schenkte es mir. ›Wenn du mit diesem Schwert einhundert Menschen tötest und einen Halsschmuck aus tausend Fingern trägst‹, so versprach er mir, ›wirst du die Macht haben, anderen deinen Willen aufzuzwingen und über die Welt zu herrschen.‹ Seitdem ist es meine Mission, zu töten und unbesiegbar zu werden. Und jetzt tauchst du auf und erzählst mir etwas ganz anderes. Bist auch du ein Schamane?«

»Ich will, dass du in dir selbst Macht findest. Diese innere Macht ist größer als die Macht über andere. Du und deine Leute leiden, weil der König und die Kastengesellschaft euch ihre Macht aufzwingen. Und jetzt willst du deine Macht anderen aufzwingen. Deine Machtliebe ist ebenso stark wie *die deiner Feinde. Versuche stattdessen die Macht der Liebe. Das Selbst, dein wahres Wesen, ist mächtiger als das Schwert. Die Macht der Liebe wächst von innen. Die Macht des Schwertes wird dir dagegen von außen auferlegt. So wie ein Baum aus einem Samenkorn wächst, erwächst die Macht der Liebe aus dem Selbst. Finde deine innere Macht und sei dein eigenes Licht.«*

»*Die Macht des Schwertes ist klar und direkt. Von der Macht des Selbst habe ich noch nie gehört*«, entgegnete Angulimala kopfschüttelnd.

Der Buddha lächelte angesichts der Verwirrung, die Angulimala zeigte. »*Die Macht des Schwertes hängt von der Schwäche, Unterwerfung und Ohnmacht anderer ab. Die Macht der Liebe macht jedoch alle stark. Sie organisiert sich selbst und unterhält sich selbst. Alle Geschöpfe, Mensch oder Tier, sind von Natur mit dieser inneren Macht ausgestattet, die sich durch Gegenseitigkeit, Freundschaft und Liebe entfaltet. Jeder Versuch der Kontrolle und des*

Konflikts mit anderen endet in Tränen, Versagen und Enttäuschung — oder Krieg.«

»Warum sollte ich dir glauben?«, unterbrach ihn Angulimala. »Woher soll ich wissen, dass du die Wahrheit sprichst?«

»Ich sage dir all dies, Angulimala, weil ich es selbst erfahren habe«, entgegnete der Buddha.

»Wie kann das sein? Was macht dich so furchtlos, dass du vor nichts Angst hast, nicht einmal vor dem Tod, und dass du zu mir kommen kannst, obwohl du weißt, dass ich dich töten könnte? Wer bist du?«

»Ich bin der Erwachte, der Buddha.«

»Von welchem Schlaf bist du erwacht?«

»Vom Schlaf der Entfremdung, der Unwissenheit und des Schmerzes; dem Schlaf des Wunsches, Kontrolle und Macht über andere zu haben. Ich bin als Prinz geboren, mit vielen Palästen, tausend Pferden, tausend Elefanten, tausend Soldaten und tausend Dienern. Ich hätte ein König sein können.

Ich hätte Nachbarländer erobern und zum Kaiser werden können.«

»Und was hat dich davon abgehalten?«

»Eines Tages verließ ich meinen Palast und sah einen Alten, einen Kranken und einen Toten. Da begriff ich, dass ich trotz meiner Paläste und Soldaten und Diamanten weder Krankheit, noch Alter noch Tod entgehen konnte. Was nützten also all diese Macht und all meine Schätze? So gab ich alles auf, genau wie du, Angulimala: meinen Vater, meine Mutter, meine Gattin, mein Kind und mein Königreich. Aber nicht in Zorn, nicht um Macht über andere zu erringen, sondern um die innere Macht zu erkennen, die Macht des Geistes, die Macht der Liebe und der Barmherzigkeit, die Macht der Freundschaft«, erklärte Buddha.

»Wie kann man jemandes Freund sein, der im Begriff ist, einen zu töten?«, erwiderte Angulimala.

»Ich bin jedermanns Freund. Ich bin kein Prophet oder Guru. Ich bin kein Heiliger. Ich bin ein Freund alles Lebendigen, ein Freund aller Menschen, ganz gleich, was ihre Qualitäten sind, was ihr Status ist, wie reich sie sind oder welcher Kaste sie angehören. Ich bin ein Freund derer, die als gut angesehen sind, aber auch derer, die man als schlecht verdammt. Besonders gern bin ich denen ein Freund, die benachteiligt, ausgestoßen und arm sind. Es ist leicht, den Großen und Guten ein Freund zu sein, doch ich bin am liebsten denen zum Freund, die man als Mörder, Terroristen und Verbrecher gebrandmarkt hat. Die will ich trösten. Sie sind nicht schlecht, sie schlafen nur, sind unwissend und einsam. Freundschaft ist der Weg aus der Einsamkeit und zum Erwachen.«

»Ich finde es aber schwer, denen ein Freund zu sein, die Macht über mich ausüben. Sie machen mich wütend«, sagte Angulimala.

»Deshalb komme ich zu dir, Angulimala«, sagte der Buddha. »Ich will dich bei der Hand nehmen. Kommst du mit mir? Ich werde dich über den

Strom des Kummers und des Leids bringen und dich zum Ufer der Befreiung führen. Du sollst wissen, dass deine Pein ein Ende finden kann. Dein Zorn und deine Entfremdung bestehen nicht für immer. Wandel ist das ewige Gesetz des Lebens. Bist du offen für diesen Wandel? Du kannst meinen Kopf und meine zehn Finger haben, aber du kannst mich auch ganz haben, mich und meine Freundschaft. Du hast die Wahl. Dies ist der Augenblick der Entscheidung.«

BUDDHAS WORTE überwältigten Angulimala. Das Schwert war ihm schon aus der Hand gefallen, und nun begann er zu schluchzen. Er konnte nicht begreifen, wie ein Prinz hoher Kaste jemandem zuhören konnte, der als Kastenloser geboren war und tagtäglich die Sünde des Mordes beging. »Wie kann dieser Königssohn, dieser Hohepriester zu mir reden und mir seine Freundschaft anbieten, obwohl er wissen muss, dass jeder Umgang mit mir ihm nur Ärger einbringen kann?«, fragte er sich.

Angulimala stand wie angewurzelt, voller Zweifel und Verwirrung. Buddhas tröstende Worte des Friedens und sein unergründlicher Blick, voller Sehnsucht weckendem Versprechen, erschütterten Angulimala bis ins Mark. Es war, als hätte der Buddha ihn verzaubert. Während Angulimala noch dastand und zögerte, drehte der Buddha sich um und ging weg.

SOBALD ER SAH, dass der Buddha sich zu entfernen begann, hob Angulimala sein Schwert auf und folgte ihm. Sein Körper setzte sich in Bewegung, obwohl sein Geist immer noch unsicher war. Der Buddha ging schneller, und Angulimala fiel zurück. Er ging ebenfalls schneller, um den Buddha einzuholen, aber das schien unmöglich. Schließlich begann er zu laufen. »Früher konnte ich mit einem galoppierenden Ross oder einem fliehenden Hirsch Schritt halten, und jetzt gelingt es mir nicht einmal mehr, diesen Mönch einzuholen, der in normalem

Tempo zu gehen scheint. Was ist nur mit mir los?«, fragte sich Angulimala.

»Bleib stehen, Mönch!«, rief er. »Lass mich nicht zurück!«

»Ich bin schon stehen geblieben, vor langer Zeit, aber bist auch du stehen geblieben? Wirst du es jemals tun?«

»Du gehst schneller als ich und behauptest, du wärest stehen geblieben. Wovon redest du? Wie kannst du stehen geblieben sein, wenn du dich noch bewegst?«

»Ich habe vor langer Zeit aufgehört, mich zu bewegen«, sagte der Buddha. »Du bist es, der immer weiterläuft. Ich habe aufgehört, über andere Menschen hinwegzutrampeln. Ich will andere Leute nicht mehr beherrschen und dominieren. Du aber denkst, du könntest Freiheit finden, indem du andere Menschen überwältigst und tötest. Wahres Stehenbleiben ist, sich nicht mehr um seiner selbst willen in das Leben anderer einzumischen. Du rebellierst gegen die Unterdrückung durch andere, dabei bist du selbst der Unterdrücker. Du versetzt Städte und Dörfer in Angst und Schrecken. Wie kann Terror zu Freiheit führen?«

»Die Menschen lieben einander nicht«, erwiderte Angulimala. »Die Reichen sind grausam zu den Armen. Die hohen Kasten sind gemein und falsch zu den niederen. Warum sollte ich sie lieben? Ich werde nicht aufhören, bevor ich sie alle getötet habe.«

»Angulimala, ich weiß, dass du unter den höheren Kasten gelitten hast, den Reichen und Mächtigen. Es gibt Grausamkeit auf der Welt, doch der kann man nicht mit Grausamkeit begegnen. Der Unterdrückung setzt man nicht durch Unterdrückung ein Ende. Feuer ist nicht mir Feuer zu löschen. Versuche, die Grausamkeit mit Barmherzigkeit zu überwinden, den Hass mit Liebe und Unrecht mit Vergebung. Verlasse den Weg des Hasses und der Gewalt. Das ist wahres Stehenbleiben. Stehenbleiben führt zu Beruhigung, Beruhigung zu Ruhe und Ruhe zur Heilung deiner selbst und anderer.«

Der Buddha schaute Angulimala in die Augen und sprach weiter: »Du machst dir etwas vor, wenn du meinst, du wirst glücklich sein, wenn du erst hundert Menschen getötet und Kontrolle über das Leben anderer gewonnen hast. Bist du etwa jetzt glücklich?«, fragte der Buddha.

»Nein, ich bin nicht glücklich«, gestand Angulimala.

»Wie kannst du also vorhersagen, dass du in Zukunft glücklich sein wirst, wenn du in der Gegenwart Unglück säst? Wie kannst du Rosen erwarten, wenn du Disteln säst? Jetzt ist der Augenblick, in Fülle und Glück zu leben. Wenn du heute nicht glücklich bist, wie kannst du dann erwarten, es morgen zu sein? Glück kommt von Güte. Wenn du gut bist, bist du glücklich, und wenn du glücklich bist, bist du gut.«

DIE WORTE DES Buddha drangen tief in Angulimalas Herz. »Noch nie bin ich einem Menschen begegnet, der so aussieht, so spricht und so lächelt«, dachte er. Er erkannte die Sinnlosigkeit seines Verhaltens, seines Tötens und seiner Grausamkeit — die Sinnlosigkeit von Macht. Er betrachtete sein Leben und fand es elendig. Er dachte an seine Vergangenheit und war verwirrt. »Was kann ich wirklich erreichen, wenn ich die Hilfe, den Rat und die Freundschaft des Buddha zurückweise und meinen Amoklauf fortsetze?«, fragte sich Angulimala. Es war ein Augenblick der Abrechnung, der Selbsterkenntnis und der Erleuchtung.

Der Blick des Buddha war wie eine stumme Aufforderung: »Treffe deine Wahl, Angulimala, entscheide dich! Töte mich oder ergebe dich. Du hast die Wahl.« Dann der plötzliche Durchbruch. Angulimala rammte sein Schwert in den Boden, riss sich die Fingerkette vom Hals und hob mit der breiten Klinge in wenigen schnellen Stichen ein großes Loch aus. Darin legte er nun die Kette und bedeckte sie mit Erde.

»So, hier hast du es. Weg mit dem Halsband, weg mit dem Schwert, Schluss mit der Gewalt. Ich höre auf.«

Der Buddha schaute Angulimala verblüfft zu. Er hatte schon viele Krieger, Ritter, Kurtisanen, Königinnen und Könige sich ändern gesehen, aber noch nie war die Wandlung so schnell geschehen.

»Ich sehe, Angulimala. Jetzt hast du also aufgehört«, lächelte der Buddha. Mit seiner Halskette hatte Angulimala auch seinen Zorn abgelegt, so wie eine Schlange ihre Haut abstreift.

Sie gingen in tiefem Schweigen zusammen durch den friedvollen Wald. Die Vögel sangen, und der Himmel lächelte. Bald kamen die beiden zu einem Teich voller Lotosblumen. Der Buddha blieb stehen, pflückte eine Blüte und hielt sie Angulimala vors Gesicht.

»Schau sie an — schau dir diese Lotosblume an.

Ihre Wurzeln sind tief im Schlamm, doch die Blüte ist stets über Wasser. Wie viel Regen auch fallen mag, die Lotosblume schüttelt alles ab. Sie ist weich, gefällig, schön und freundlich. Auch wir können wie Lotosblumen sein, wenn wir ihre Qualitäten annehmen.«

Angulimala ergriff Buddhas linke Hand und drückte sie kraftvoll. Das war ein Zeichen, und der Buddha verstand es. Angulimala hatte beschlossen, mit dem Buddha zum Jeta-Hain zu gehen.

»So wie du selbst die Ursache deines Leidens warst, Angulimala, so bist du auch der Schlüssel zu deinem Glück, der Quell deiner Freude. Innere Macht gibt dir dauerhaften Frieden. Ich habe viele Menschen sich wandeln sehen, doch du bist ein ganz Besonderer. Deine Verwandlung war augenblicklich.«

»Von dem Augenblick an, als ich dich sah, spürte ich eine Verbindung zu dir«, erklärte Angulimala, »und jetzt sehe ich mich mit dem ganzen Universum verbunden.«

ANANDA, EINER DER führenden Schüler des Buddha, schauderte, als er den Wilden mit dem Gesegneten in den Jeta-Hain kommen sah. Er blickte mit Schrecken auf das blutbefleckte Hemd und hielt die Luft an vor dem Gestank. Er traute seinen Ohren nicht, als der Buddha verkündete: »Wir haben einen neuen Freund: Ahimsaka, der Gewaltlose. Er wird von jetzt an bei uns im Jeta-Hain wohnen. Gebt ihm bitte ein Gewand und eine Schale, und führt ihn in das Mönchsleben ein. Tut bitte, was in eurer Macht steht, damit er sich willkommen und entspannt fühlen kann.«

AHIMSAKA LERNTE schnell und fügte sich nahtlos in die Gemeinschaft ein. Nach wenigen Tagen fühlte er sich wie ein Fisch im Wasser in seinem neuen Leben im Jeta-Hain. Er verstand die Lehren des Buddha nicht nur, sondern konnte sie auch anderen auf klare und deutliche Weise begreiflich machen.

KAPITEL 2

Die Bekehrung des Königs

Für König Pasenadi von Savatthi und seine Armee war Angulimala immer noch ein Terrorist auf freiem Fuß — im Wald verborgen, nicht zu fassen, stets auf der Flucht. Sie hatten schon viele Wochen nach ihm gefahndet und waren enttäuscht über ihr Versagen. Der König hatte verkündet, er selbst werde die Jagd jetzt anführen und sie würden unter jedem Felsen nachschauen, jede Höhle durchsuchen und jedes Tal durchforsten. So würde er Angulimala bestimmt fangen, früher oder später, tot oder lebendig.

MIT FÜNFHUNDERT seiner Elitesoldaten hoch zu Ross ritt der König auf die Suche nach Angulimala, fest entschlossen, diesen Feind der Zivilisation zu fangen und hinzurichten. Sie hielten in der Nähe des Jeta-Hains, wo der Buddha und seine Mönche in ihren Bambushütten hausten. Als dem König berichtet wurde, der Buddha sei anwesend, schickte er einen Soldaten voraus mit der Botschaft, der König möchte dem Erhabenen persönlich seinen Respekt erweisen. Der Buddha ließ ihm seine Einladung ausrichten, und der König begab sich zu Fuß in den Jeta-Hain.

DER BUDDHA KAM aus seiner Hütte und begrüßte den König.

»Willkommen, Majestät. Welch freudige Überraschung.«

Der König und der Buddha gingen zusammen zu einem Mangobaum in der Nähe und setzten sich auf die Bank, wo der Buddha gewöhnlich seine Besucher empfing.

»Stimmt etwas nicht, großer König?«, fragte der Buddha. »Hat ein feindlicher Staat Euer Königreich angegriffen? Oder sind andere feindliche Kräfte in Euren Staat eingefallen? Ich bin es nicht gewohnt, Euch in Kriegsrüstung zu sehen, mit so vielen Reitern in Eurem Gefolge.«

»Nein«, antwortete der König, »niemand hat

uns angegriffen. Wir haben es mit einem inneren Feind zu tun, einem flüchtigen Verbrecher, der die Reisenden terrorisiert und unschuldige Menschen überfällt und ermordet, wenn sie nicht auf der Hut sind. Ich bin gekommen, um dich zu warnen, Erleuchteter. Es ist hier nicht sicher für dich und deine Mönche. Darf ich einen Trupp Soldaten zu eurem Schutz hierlassen? Es geht mir vor allem um deine Sicherheit.«

Obwohl der Buddha genau wusste, von wem der König sprach, fragte er: »Wer ist dieser Mann, der Euch so besorgt macht und Euren Frieden stört?«

»Die Leute nennen ihn Angulimala. Er ist wahnsinnig, ein Ungeheuer und Menschenhasser. Wir müssen ihn fangen, aber solange wir ihn noch nicht gefunden haben, müssen wir das Volk beschützen.«

Der Buddha hatte keine Wahl. Er musste einen Weg finden, dem König zu erklären, dass er die Suche nach Angulimala aufgeben konnte.

»Majestät, würdet Ihr mir glauben, wenn ich sagte, Angulimala habe seinen Gewaltfeldzug aufgegeben?«

»Nein, das könnte ich nicht glauben. Du kannst dir nicht vorstellen, wie gemein dieser Schurke ist. Er wird sich niemals ändern, unmöglich. Es gibt nur eine Lösung: Wir müssen ihn fangen und hinrichten.«

DER BUDDHA SCHWIEG und überlegte, wie er den König in Angulimalas Bekehrung einweihen konnte. Nach einer Weile sagte er schließlich: »Majestät, alles ändert sich. Wir alle sind in der Lage, uns zu ändern. Solcher Wandel ist sogar unvermeidlich. Nur eines ändert sich niemals, und das ist der Wandel selbst.«

»Wovon redest du? Das mögen wohl feine philosophische Lehrsätze sein, aber wir haben es hier mit einem eingefleischten Verbrecher zu tun. Der einzige Wandel, den wir in diesem Fall erwarten können, ist, dass es nur noch schlimmer wird mit Angulimala. Es gibt nicht die geringste Hoffnung, dass Angulimala seine Schandtaten einstellen könnte.«

»Majestät, was aber, wenn ich nun sagte, Angulimala wäre tatsächlich zum Mönch geworden und hätte bei mir, in meiner Gemeinschaft und in meinen Lehren Zuflucht gesucht? Was, wenn ich Euch erzählte, er hätte sich das Haupt geschoren, seine Schale und sein Gewand in Empfang genommen und aller Gewalt entsagt? Was dann? Was, wenn ich Euch eröffnete, Angulimala hätte beschlossen, keiner Fliege mehr etwas zuleide zu tun, keiner Mücke, und schon gar keinem Mann und keiner Frau? Was würdet Ihr dann sagen?«

»Das kann ich mir überhaupt nicht vorstellen, Erleuchteter«, entgegnete der König. »Ich verstehe nicht, wie du so reden kannst. — Hast du irgendeinen Beweis?«

»Majestät, bevor ich Euch den Beweis erbringe,

möchte ich Euch eine Frage stellen. Werdet Ihr Angulimala begnadigen, wenn alles so ist, wie ich gesagt habe?«

»Erleuchteter, ich bin der König. Es ist meine Pflicht, für Recht und Ordnung zu sorgen und diejenigen zu bestrafen, die Verbrechen begangen haben. Wie könnte ich Angulimala begnadigen, während die Väter und Mütter, Brüder und Ehefrauen derer, die Angulimala umgebracht hat, nach Gerechtigkeit schreien?«

»Gewalt zeugt Gewalt, Majestät. Rache und Gerechtigkeit sind zwei verschiedene Dinge. Irgendjemand, irgendwo, muss den Mut zeigen, den Kreislauf der Gewalt zu durchbrechen. Vergebung ist besser als Gerechtigkeit. Es ist leicht, denen, die gut zu uns sind, Güte und Barmherzigkeit zu erweisen. Wahre Vergebung und wahre Barmherzigkeit geschehen erst, wenn man die Fähigkeit findet, selbst denen zu vergeben, die barbarische Verbrechen begangen haben. Sagt mir, Majestät: Wenn

Angulimala schon der Gewalt abschwören kann, muss dann Eure zivilisierte Gesellschaft nicht in der Lage sein, sich wirklich zivilisiert zu zeigen und ebenfalls auf Gewalt zu verzichten?«

Der König war sprachlos. So war ihm noch nie jemand entgegengetreten. Die Wahl zwischen Recht und Gnade war schwer. Er saß reglos und starrte den Buddha an.

NACH EINIGEN Augenblicken, in denen beide schwiegen, erhob sich der Buddha und sagte: »Lasst uns einen kleinen Spaziergang machen, Majestät.«

Auf dem Weg wiederholte der König: »Angulimala ist durch und durch böse. Täusche dich nicht, er mag so tun, als hätte er sich geändert, aber ich glaube einfach nicht, dass er dazu wirklich in der Lage ist.«

Der Buddha bemerkte die Verzweiflung in der Stimme des Königs.

»Bosheit ist ein Produkt der Unwissenheit, Majestät. Sobald die Unwissenheit vertrieben ist, sind wir erleuchtet.«

Der Buddha und der König gingen zu dem Teich voller Lotosblumen. Der Buddha pflückte eine und hielt sie zwischen sich und dem König, während er sprach: »Majestät, die Lotosblume hat keine Feinde. Sie kennt keinen Zorn und weiß nicht, wem sie zu gefallen hat und wen sie beleidigen soll. Die Lotosblume urteilt nicht. Die Lotosblume beglückt sowohl die Heiligen als auch die Sünder. Warum können die Menschen nicht wie Lotosblumen sein? Angulimala hat gemordet, weil er mit Zorn erfüllt war. Auch Ihr seid voller Zorn und wollt ihn töten. Doch wie kann noch mehr Zorn eine Lösung sein? Ein Feuer löscht man nicht, indem man es weiter nährt. Nur Wasser kann Feuer löschen. Nur Liebe kann Zorn überwinden. Nur mit Vertrauen können wir die Furcht besiegen.«

Der Buddha gab dem König die Lotosblume und nahm ihn bei der Hand. So gingen sie weiter.

NACH WENIGEN SCHRITTEN kamen sie zu einem anderen Baum, unter dem eine Bambusbühne errichtet war. Ein Mönch sprach mit gelassener Stimme zu einer Gruppe von Leuten, die sich vor der Bühne versammelt hatten. Der Buddha und der König blieben stehen und lauschten ebenfalls:

»Denkt an die Vier Edlen Wahrheiten. Leiden, Kummer, Schmerz, Probleme, Schwierigkeiten – das alles gehört zum Leben. Es hat keinen Zweck, es abzustreiten. Es hat keinen Zweck, davor wegzulaufen. Das ist die Erste Wahrheit. Doch alle Probleme und aller Schmerz haben eine Ursache, und wenn wir tief genug darüber nachdenken, erkennen wir, dass wir selbst das Leiden verursachen – mit unserer Unwissenheit, unserem Ego, unserem Anhaften, mit dem Klammern an unserem Verlangen, mit unseren Angewohnheiten. Das ist die Zweite Wahrheit. Wir müssen aber nicht verzweifeln und alle Hoffnung aufgeben. Dinge ändern sich: Was beginnt, findet ein Ende. Leiden kann enden, Verstrickungen können aufgelöst werden. Wir können lernen, uns freizumachen von unseren Anhaftungen und das Leben so zu akzeptieren, wie es ist. Auf diese Weise finden wir für unsere Probleme und unser Leiden Lösungen. Das ist die Dritte Wahrheit. Wir sind nicht bloße Opfer unseres Schicksals. Wir können aktiv teilnehmen am Lebensprozess. Es gibt Wege, die uns helfen können, den Kummer zu überwinden und dem Leiden ein Ende zu machen. Das ist die Vierte Edle Wahrheit.«

Der König lauschte diesen Worten und war beeindruckt und inspiriert.

»Wer ist dieser neue Mönch, der so tiefe Einsicht und so inniges Verständnis zeigt?«, fragte er. »Ich habe ihn noch nie gesehen. Er erklärt die Vier Edlen Wahrheiten auf so einfache und klare Weise. Ich wünschte, er könnte alle meine Untertanen diese Weisheit lehren.«

»Ja, Majestät, aber bedenkt bitte Folgendes: Sein Name ist Ahimsaka, der Gewaltlose. Früher war er jedoch als Angulimala bekannt — derselbe Angulimala, den du bestrafen willst.«

Der König erschrak bis ins Mark. Die Haare standen ihm zu Berge. Er fühlte sich benommen, begann zu schwitzen und sank ohnmächtig zu Boden. Der Buddha kniete neben ihm und fächelte ihm mit einer Ecke seines Gewands Luft ins Gesicht. In diesem Augenblick bemerkte auch Ahimsaka, dass jemand zusammengebrochen war. Er hielt in seiner Rede inne und kam mit einer Schale Wasser zu dem Teich gelaufen. Er riss ein Stück von seiner Kutte ab, feuchtete es an und legte es dem König auf die Stirn. Dann massierte er dem König die Füße, um die Durchblutung anzuregen. Nach wenigen Minuten kam der König wieder zu Bewusstsein, setzte sich auf und sah sich Ahimsaka gegenüber. Ihre Blicke trafen sich und sprachen zueinander, ohne ein Wort. Der König war überwältigt von Barmherzigkeit.

»Danke, Ahimsaka, du bist fürsorglich. Du hast heilende Hände. Deine Lehren bewegen mich. Ich habe dem Buddha nicht geglaubt, als er von dir sprach. Doch jetzt bin ich überzeugt, dass du dich vollkommen gewandelt hast. Bitte verlasse aber den Jeta-Hain nicht, denn außerhalb dieses Heiligtums wirst du nicht sicher sein.«

»Majestät, ich habe Eurem Volk großen Schaden zugefügt. Ich habe Schmerz und Trauer verursacht unter den Angehörigen der Opfer, deren Leben ich genommen habe. Es ist also meine Ehrenpflicht, als Heiler zu wirken und die Samen der Zwietracht auszumerzen. Ich muss die Furcht überwinden und nach Savatthi gehen. Ich muss mich meiner Vergangenheit stellen und der Zukunft ins Auge sehen.«

KAPITEL 3

Freiheit von Furcht

Wenige Tage danach kam Ahimsaka in die Bambushütte des Buddha, der im Lotossitz saß und auf seinen Atem meditierte. Ahimsaka setzte sich neben ihn und sah zu, wie der Buddha in tiefen Zügen ein- und ausatmete.

ALS AHIMSAKA SAH, dass der Buddha ihn bemerkt hatte, fragte er: »Oh, Erleuchteter, erlaubst du mir, nach Savatthi zu gehen und jene um Vergebung zu bitten, denen ich Leid zugefügt habe? Darf ich gehen und um Nahrung betteln und etwas von dem mit den Bürgern von Savatthi teilen, was ich von dir gelernt habe?«

»Ja, mein geliebter Ahimsaka, ja. Du darfst gehen und um Almosen betteln, aber nur einmal in vierundzwanzig Stunden, und wenn dir jemand zwei Stücke Brot anbietet, nimm nur eines an. Erbitte, was du brauchst, von mehreren Haushalten, damit niemand es als eine Last empfindet, einem Mönch zu geben. Sammle wie die Honigbiene, die von Blume zu Blume fliegt und von jeder ein wenig Nektar nimmt. Keine Blume hat sich je beschwert, die Biene hätte ihr geschadet. So sollte sich der Bettelmönch benehmen.«

»Ja, Erleuchteter, ich werde dem Weg der Honigbiene folgen. Doch manche Leute werden mich erkennen und vielleicht beschimpfen und verfluchen. Bitte, Buddha, ich brauche deinen Rat. Wie soll ich reagieren?«

»Sage dir, die Menschen sind gut, sie misshandeln dich nur mit Worten. Wenigstens schlagen sie dich nicht. Dafür sollst du dankbar sein.«

»Aber manche werden so zornig sein, dass sie mich tatsächlich schlagen. Was soll ich dann tun?«

»Es wird dir nicht leichtfallen, Ahimsaka, aber behalte die Ruhe und denke dir, sie schlagen dich nur, steinigen dich aber nicht.«

»Aber vielleicht werden manche von ihnen Steine auf mich werfen. Was soll ich dann tun?«

»Das wird eine schwerere Prüfung sein, aber

selbst dann solltest du dir denken, sie mögen Steine auf dich werfen, aber wenigstens prügeln und treten sie dich nicht.«

»Aber ich kann mir vorstellen, dass manche mich gar verprügeln und treten werden, bis ich blutend am Boden liege.«

»Wenn das geschieht, Ahimsaka, erinnere dich an meine Lehre der Standhaftigkeit und sage dir, du magst verletzt sein, verwundet und blutend, aber sie haben dich nicht getötet.«

»Danke, Herr, aber was, wenn sie mich töten?«

»Du wirst nicht wissen, dass man dich getötet hat, Ahimsaka. Wenn du noch bei Bewusstsein bist, während du stirbst, dann denke dir, du wirst befreit von diesem Körper und von all den Erinnerungen, die deinem Geist zur Last sind. Der Tod ist ein Tor zur Freiheit. Sei dankbar dafür.«

»Deine Lehren geben mir Mut. Ich bin frei von der Furcht vor dem Tod. Darf ich mich jetzt auf den Weg nach Savatthi machen?«

»Ja, Ahimsaka, du kannst gehen. Wenn du auf der Oststraße der Stadt bist, halte nach einem großen Haus Ausschau, mit Schilfdach und einer blauen Tür. Vor dem Haus gibt es einen Brunnen und einen Salbaum. Das ist das Haus der Nandini, einer Freundin und Anhängerin des Buddha. Von ihr kannst du Almosen erbetteln; und richte ihr bitte meinen Segen aus.«

AHIMSAKA WAR in Savatthi. Die Stadt war dabei, sich von dem Schock zu erholen, den die vielen Morde ausgelöst hatten. In den vergangenen Wochen war alles ruhig gewesen. Angulimala hatte niemanden mehr umgebracht. Auch die Polizei hatte ihre Wachsamkeit gelockert. Gerüchte waren im Umlauf, Angulimala wäre im Wald von einem Löwen verschlungen oder er wäre ein Asket geworden, oder der König würde ihn in einem geheimen Kerker festhalten. Niemand wusste mit Sicherheit, was aus Angulimala geworden war.

AHIMSAKA STAND vor Nandinis Haus unter dem Salbaum. Er sah, dass die Tür verriegelt war, und beschloss zu warten, bis er ihr die Grüße des Buddha ausrichten konnte.

»Es ist gut, endlich wieder einen Mönch in der Stadt zu sehen. Alles wird allmählich wieder normal hier«, sagte ein Fremder.

»Diese Buddhisten glauben an Gewaltlosigkeit. Wie kann man aber gewaltlos sein, wenn man einen Mörder vor sich hat?«, bemerkte ein anderer.

Der Mönch lauschte den Worten in Gelassenheit.

Ein anderer Mann sprach: »Gewaltlosigkeit ist schön und gut, bis man es mit eingefleischten Verbrechern zu tun bekommt, die darauf versessen sind, die öffentliche Ordnung zu zerstören, in der wir leben. Die einzige Art, mit solchen Leuten fertig zu werden, ist, sie aufzuhängen!« Die zornige Stimme hallte in Ahimsakas Ohren, aber er lauschte weiter.

Einige Männer und Frauen begannen, sich um den Mönch zu scharen, der schweigend vor Nandinis Haus wartete.

»Wer bist du?«, fragte ein Kind.

»Ich bin ein Schüler des Buddha, des Erleuchteten, der uns den Weg der Barmherzigkeit weist und der jetzt im Jeta-Hain weilt.«

Mehr Leute versammelten sich um ihn. »Niemand kann für einen Terroristen wie Angulimala Barmherzigkeit empfinden«, rief jemand aus der Menge.

»Der Buddha empfindet für alle und jeden. Er lehrt bedingungslose Liebe.«

»Wie kann man einen bösen Menschen lieben?«, rief jemand anderes.

»Der Buddha lehrt, dass Gut und Böse in jedem menschlichen Herzen vorkommen und dass das Gute stärker ist als das Böse. Er lehrt, wir sollten das Böse durch Güte überwinden.«

Während der Mönch noch sprach, rief jemand:

»Der Kerl ist nicht nur ein Sympathisant, er sieht Angulimala sogar sehr ähnlich. Ich habe den Mörder gesehen. Hat sich Angulimala vielleicht als Mönch verkleidet?«

»Ja, du hast recht. Dieser Mönch sieht tatsächlich aus wie Angulimala.«

»Wer bist du? Du musst der Mörder sein! Sag die Wahrheit!«, bedrängten ihn die Leute.

Der Mönch sprach mit ruhiger Stimme. »In der Vergangenheit war ich voller Zorn. Ich habe Menschen getötet und ihre Finger an meiner Halskette getragen. Doch dann begegnete ich dem Buddha. Er öffnete mir die Augen, und ich besann mich eines Besseren. Bei ihm nahm ich Zuflucht.«

»Du lügst! Du bist ein Lügner, ein Sünder, ein böser Mensch, ein Mörder, ein Räuber, ein Terrorist! Du musst bestraft werden! Du sollst hängen!«

»Du hast meinen Bruder getötet«, rief einer.

»Du hast meinen Sohn umgebracht«, keifte ein anderer.

»Du hast meinen Mann auf dem Gewissen«, schrie eine Frau.

»Du musst büßen für deine Taten!«, brüllten viele Stimmen im Chor.

Ein großer Mann schlug Ahimsaka ins Gesicht. Ein weiterer Hieb folgte. Ein alter Mann schlug ihm mit seinem Stock auf den Kopf. Ein Knabe warf einen Stein. Jemand anderes boxte ihm in den Magen. Der nächste trat ihn mit solcher Gewalt, dass er zu Boden ging. Der Mönch hatte ein geschwollenes Auge, viele blaue Flecke und blutete auch schon.

ALS NANDINI ENDLICH nach Hause kam, fand sie ihren Weg von dem wütenden Mob verstellt. Ihr Kutscher trieb den Wagen durch die Menschenmasse, und sie kamen schließlich zu der Stelle, wo der Mönch in seinem safrangelben Kleid blutend am Boden lag. Schockiert und verblüfft rief sie in die Menge: »Halt! Hört auf! Wie könnt ihr *so grausam sein? Dieser Mönch ist ein Anhänger meines geliebten Meisters, des Buddha. Er trägt sein Gewand.«*

Nandini warf ihren Schal über den Mönch und stellte sich zwischen ihn und dem wütenden Mob. Der Kutscher half ihr, den Mönch in den Wagen zu heben.

»Er ist ein Mörder, ein Totschläger! Er ist Angulimala!«, schrien die Leute.

»Wenn er Angulimala wäre, würde er euch und mich auf der Stelle töten. Würde Angulimala etwa einfach dastehen und sich von euch verprügeln lassen? Würde er mit der Schale und im Gewand der Mönche in die Stadt kommen? Ihr seid im Irrtum!«, rief Nandini hinter sich, während sie wegfuhren.

Der Mönch war bei Bewusstsein, aber in Schmerzen. Nandini verband ihm den blutenden Kopf.

»Ich bringe dich zu deiner Einsiedelei zurück. Wo kommst du her?«

»Ich lebe im Jeta-Hain bei meinem Herrn, dem Buddha, der dir seine Grüße ausrichten lässt. Du bist doch Nandini?«

»Ja. Ich bin eine Verehrerin des weisen Buddha. Seine Anleitung und seine Liebe haben mir das Leben gerettet.«

»O edle Nandini, Buddha hat dich gepriesen. Er liebt dich ebenfalls.«

»Schnell, Kutscher, fahr schnell, damit wir die Wunden des Mönchs versorgen können, bevor es zu spät ist.«

KAPITEL 4

Spirituelle Einfachheit

Der Buddha sah Nandinis Kutsche kommen und begriff bald, dass Ahimsaka verletzt sein musste. Er bat Ananda, ihm Neem-Tee zu bringen und frische Waldkräuter für die Umschläge zu sammeln, mit denen sie Ahimsakas Wunden behandeln würden. Während Ananda davoneilte, hieß der Buddha Nandini willkommen und bot Ahimsaka seine Schulter an, um ihm aus dem Wagen zu helfen. Nandini stützte Ahimsaka ebenfalls. »Es geht schon, es geht schon«, keuchte er, während er zwischen den beiden daherhumpelte.

Der Buddha und Nandini brachten ihn zu seiner Hütte, wo Ananda und einige andere Mönche mit seiner Behandlung begannen. Ahimsaka entspannte sich bald und schlief erschöpft ein.

»Lasst ihn jetzt ruhen«, flüsterte der Buddha. »Schlaf ist die beste Medizin. Einer von euch sollte sich vor seine Hütte setzen, für den Fall, dass er aufwacht.«

DER BUDDHA WAR hocherfreut, Nandini wiederzusehen, und dankbar, dass sie Ahimsaka heimgebracht hatte. Sie gingen zusammen zu der Bühne unter dem Mangobaum und setzen sich.

»Ist er wirklich Angulimala? Oder sind die Leute in Savatthi nur verwirrt und irren sich. Er ist so demütig und sanft.«

Der Buddha erzählte ihr von seiner Begegnung mit Angulimala und wie dieser zu Ahimsaka geworden war. Er erzählte ihr auch vom Besuch König Pasenadis im Jeta-Hain. Nandini staunte. Es fiel ihr schwer, all das zu glauben. Träumte sie vielleicht? Konnte es wahr sein?

»Deine Überzeugungskraft ist wahrhaft mächtig, Erleuchteter. Wenn sich Angulimala so ändern kann, dann gibt es für jeden Hoffnung.«

»Ja, Nandini, deshalb werde ich zur Welt zurückkehren, bis alle Lebewesen befreit sind. Ich werde als Maitreya zurückkommen, also als Freund, nicht als Prophet, Herr oder Führer, nicht einmal als

Lehrer — einfach als Freund. So spreche ich jetzt mit dir als dein Freund. Alle Wesen sind Bodhisattvas, potentielle Buddhas, und der Erleuchtung fähig.«

WENNGLEICH NANDINI nicht ganz überzeugt war, dass sie selbst ein potentieller Buddha sein sollte, gefiel ihr der Gedanke sehr, den Buddha zum Freund zu haben. Alle mochten ihn als großen Guru verehren, als erleuchteten Meister, ruhmreiche Inkarnation und so weiter, doch diese großartig klingenden Attribute erzeugten eine Barriere der Förmlichkeit und ein Gefühl von Distanz. Sie führten zu Hierarchie und Erwartung. Nandini konnte ihm gegenüber also entspannter sein, da er sich ganz als Freund gab, und sie fühlte sich ermutigt, ihn um sehr persönlichen Rat anzugehen. »Ich versuche, deine Lehren über Meditation zu befolgen, finde es aber schwer, mich zu konzentrieren. Es ist nicht leicht, sich von Verlangen, Vorlieben und Abneigungen zu lösen, von Anziehung und Abscheu.

Mein Geist hüpft umher wie ein Affe. Sag mir, mein Freund, soll ich mich mehr anstrengen, meinen Geist zu konzentrieren, oder soll ich ihn lieber schweifen lassen?«

»Weder — noch, Nandini«, antwortete der Buddha. »Du bist doch eine Musikerin, du spielst die Laute. Wie stimmst du die Saiten deines Instruments?«

»Sehr vorsichtig. Ich passe auf, dass die Saiten weder zu stramm noch zu locker sind. Nur so kann die Laute ihren süßen Klang entwickeln.«

»Genauso ist es mit dem Geist, Nandini. Lasse ihn sein Gleichgewicht finden, hüte dich vor Extremen. Der Mittelweg ist besser. Zwinge dich nicht zu Konzentration, aber lasse deine Gedanken auch nicht ziellos umherschweifen. Meditation heißt Achtsamkeit, Gewahrsein deines Atems, deiner Haltung, deiner Gefühle, deiner Empfindungen, deiner Gedanken und all der Dinge, die durch den Geist gehen, und des Geistes an sich, was immer in dir und

zwischen dir und dem Universum vorgeht. Meditation heißt nicht, sich irgendwo für eine Stunde hinzusetzen. Meditation ist eine Lebensweise, die man jederzeit praktiziert. Es gibt keine Trennung zwischen der Meditation und dem alltäglichen Leben. Wenn man weder der Vergangenheit noch der Zukunft anhängt, sondern vollkommen im Hier und Jetzt lebt, dann ist das Leben Meditation.«

»Das klingt alles so einfach, Erleuchteter, aber meine Erinnerungen, meine Träume, meine Zweifel und meine Ängste beherrschen mich dennoch. Ich frage mich, ob dieses Leben irgendeinen Zweck hat, ob das Universum irgendeinen Zweck hat — oder existiert alles nur durch Zufall? Ich frage mich gar, ob die Welt je erschaffen worden ist — oder gibt es keinen Anfang? Ich frage mich, ob die Welt einmal enden wird — oder ist sie für immer da? Ich frage mich ununterbrochen dies und das und finde es unmöglich, im Augenblick zu leben, in der Gegenwart.«

IN DER RUHE des Jeta-Hains sprach Nandini all ihre Probleme aus. Sie war froh, den Buddha ganz für sich zu haben, in so friedvoller Atmosphäre, ohne dass sie seine Aufmerksamkeit mit jemandem hätte teilen müssen. Er lächelte und sprach: »All diese Dinge, die du dich fragst, sind metaphysische Spekulation. Was macht es schon aus, ob die Welt einen Anfang hatte oder nicht, ob sie für alle Ewigkeit existiert oder morgen enden wird? Wenn dein Kutscher von einem Pfeil getroffen würde, fragtest du dann, wer den Pfeil abgeschossen hat oder von wo er gekommen ist, in welcher Schmiede die Spitze angefertigt wurde und von wem? Würdest du fragen, ob die Pfeilspitze aus Eisen ist oder aus Kupfer? Würdest du deine Zeit damit verschwenden, über diese intellektuellen Fragen nachzudenken, oder würdest du dich darauf konzentrieren, deinem Fahrer den Pfeil aus dem Fleisch zu ziehen und eine Möglichkeit zu finden, die Wunde zu heilen?

»Ich würde natürlich schnellstens den Pfeil herausziehen.«

»Warum, edle Nandini, verschwendest du dann deine Zeit damit, über belanglose metaphysische Fragen nachzugrübeln, wenn du und deine Gefühle von Leiden betroffen sind, dessen Ursachen in Ego und Anhaftung liegen? Ist es nicht dringender, dein Leiden zu betrachten, den Ursprung des Leidens, das Ende des Leidens und die Wege zu diesem Ende?«

Buddhas Sprache war voller Klarheit. Nandini spürte die Kraft seiner Gedanken, doch ihr Intellekt sträubte sich noch.

»Wie auch immer, ich will die Wahrheit finden«, sagte Nandini, »die Wahrheit über den Pfeil. Wie kann ich beruhigt sein, wenn ich die Wahrheit nicht kenne? Es ist unerlässlich, die Wahrheit herauszufinden und zu beweisen, was Tatsache ist.«

»Wahrheit ist nur eine Tugend unter vielen, und zwar eine sehr trügerische Tugend«, erklärte der

Buddha. »Du musst die Wahrheit an ihrem Platz in der Familie der Tugenden sehen. Wahrheitssuche ist nicht genug, besonders dann nicht, wenn man sich dabei nicht mehr mit dem Schmerz des Augenblicks befassen kann. Die Suche nach Barmherzigkeit, Liebe, Großzügigkeit, Freundschaft und Glück ist ebenfalls wichtig. Diese Tugenden sind sogar hilfreicher als die Wahrheit, wenn es darum geht, dem Leiden ein Ende zu machen.«

»Ich verstehe, was du meinst«, nickte Nandini, »aber das alltägliche Leben ist nicht so einfach.«

Nach einem Augenblick des Nachdenkens sagte sie: »Ich glaube, du bist ein weiser Mann, und werde versuchen, deine Lehren zu befolgen.«

DOCH DIESE Verantwortung wollte der Buddha nicht auf sich nehmen. »Folge mir nicht einfach, Nandini«, sagte er. »Glaube es nicht, nur weil ich es sage. Versuche es selbst, probiere es aus, in deinem Leben. Erst wenn du dann findest, dass meine Lehre *mit deinen Erfahrungen und deiner eigenen Wahrheit übereinstimmt, erst dann akzeptiere sie. Was bedeutet es schon, wenn ich dir von der Süße, der Zartheit und dem Duft der Mangofrucht erzähle? Du musst sie selbst probieren, schmecken und erleben, wenn du wissen willst, was eine Mangofrucht ist. Weisheit lässt sich nicht durch Worte, Begriffe oder Theorien vermitteln; du musst sie selbst entdecken und erfahren. Meine Lehren sind wie der Finger, mit dem ich auf den Mond zeige. Sie sind nicht der Mond. Das sage ich dir, weil ich Leiden selbst unmittelbar erfahren habe und weil ich aus eigener Erfahrung weiß, dass der Edle Achtgliedrige Pfad zum Ende des Leidens führt. Dieser Achtgliedrige Pfad der rechten Anschauung, der rechten Absicht, der rechten Rede, der rechten Tat, des rechten Berufs, des rechten Strebens, der rechten Achtsamkeit und der rechten Sammlung führt zu Frieden, Harmonie, Ganzheit und Erleuchtung.«*

»Du erwähnst die rechte Anschauung und die

rechte Tat, aber woher soll man wissen, was recht und was unrecht ist?«, fragte Nandini.

»Was immer das Leiden in dir selbst und in anderen mindert, das ist recht. Was immer das Leiden verschlimmert, ist unrecht. Die Antwort liegt in dir selbst. Wenn du frei bist von Stolz und Vorurteil, wenn du ruhig und aufmerksam bist, wird ein Licht in dir scheinen. Durch Meditation und Achtsamkeit wirst du dein eigenes Wissen um Recht und Unrecht finden. Du wirst dein eigenes Licht sein. Sei dir nur selbst treu, Nandini, sei du selbst.«

Nach wenigen Augenblicken fuhr der Buddha fort: »Ich kann dir den Mond zeigen, doch du musst den Mond mit eigenen Augen sehen, und das wirst du, wenn du nur aufschaust.«

Nandini wusste nichts mehr zu sagen. Der Buddha hatte ihr tiefe Einsichten geschenkt, viel, worüber sie meditieren, viel, was sie üben konnte.

NANDINI MACHTE einen Spaziergang zum Lotosteich. Sie dachte über die einfache und gemäßigte Lebensweise des Buddha nach und plötzlich kam ein Gefühl tiefer Mutlosigkeit über sie wie eine dunkle Wolke. »Der Buddha besitzt nur drei Gewänder«, dachte sie, »eines für den Tag, eines für die Nacht und eines zum Wechseln nach dem Bad, und alle seine Kleider sind aus zahllosen Flicken und alten Stoffresten zusammengenäht. Er hat nur eine Decke, auf der er schläft, und eine Schale für seine Mahlzeiten. Er isst nur einmal am Tag. Ist das derselbe Siddhartha, der einmal ein märchenhaft reicher Prinz war? Jetzt übt er äußerste Entsagung, und ich bin immer noch von meinen Besitztümern besessen. Mein Leben ist so überladen, ich habe so viele Sachen — kein Wunder, dass auch mein Geist überladen ist. Der Erleuchtete ist Herr über sein eigenes Leben, deshalb ist er Herr über die Welt. Ich bin nur ein Verwalter meiner Sachen und Besitztümer. Und doch liebe ich meine kleinen Wohltaten und Genüsse — meine Seidensaris, meine weichen Wollschals, mein weiches Bett, meinen Safranreis, mein Personal, meinen Stallburschen und manches andere. Ich kann mir nicht vorstellen, mir den Kopf kahlzuscheren und nur drei Kleider zu besitzen. Wie kann ich also meine Sehnsucht nach Befreiung und meine Anhaftung an die Welt in Einklang bringen? Es geht mir gut, aber ich bin nicht glücklich. Ich will aber auch glücklich sein, nicht nur wohlhabend. Dem Buddha scheint all das nicht zu kümmern, aber für mich ist es ein Problem.«

Wieder fand sie sich von vielen Zweifeln bestürmt. Traurig und verwirrt setzte sie sich an den Teich und ließ den Kopf in die Hände sinken.

DER BUDDHA SAH Nandini aus der Ferne. Er erkannte, dass etwas nicht stimmte, und ging langsam zum Teich hinunter.

»Bist du verstört von Buddhas Rede, Nandini? Du scheinst bekümmert.«

»Ich leide unter Zweifeln und Fragen. Du lebst in großer Enthaltsamkeit. Du bist mit so wenigem glücklich. Das könnte ich niemals.«

»Nandini, kümmere dich doch nicht um äußere Gestalt und Anschein. Du kannst Liebe und Güte praktizieren, wo immer du bist. Was du als die Kargheit und Einfachheit unseres Lebens im Jeta-Hain betrachtest, ist uns nicht auferlegt oder künstlich. Es ergibt sich ganz natürlich. Diese Einfachheit hinsichtlich materieller Güter ist nur ein Aspekt spiritueller Praxis. Wichtiger ist, dass du dein inneres Leben einfach machst. Entledige dich deines Strebens, deiner Vorlieben und Abneigungen«, tröstete der Buddha sie.

»Innere Einfachheit? Was meinst du damit?«, fragte Nandini.

»Die innere Verwirrung hinsichtlich unserer Identität ist uns eine größere Last als alles äußere Gepäck. Sei frei von solcher Verwirrung, Nandini. Befreie dich von der Idee eines getrennten Selbst, eines eigenen Ich. Woraus würde dieses ›Ich‹ denn bestehen? Bin ich meine Beine oder meine Arme? Bin ich mein Intellekt oder meine Gefühle? Bin ich meine Empfindungen? Bin ich Siddhartha, der Prinz der Shakyas? Wer bin ich? Was ist meine Identität? Ich bin nicht das eine oder andere, ich bin alles. Ich bin kein isoliertes, eigenständiges, gesondertes Selbst. Es gibt nichts, an dem ich festhalten, nichts, dem ich anhaften müsste. Ich bin ein Mikrokosmos des Makrokosmos. Ich bin das Universum. Das Leben ist ein Energiestrom. Es nimmt Gestalt an und löst sich wieder auf. Alle Gestalten sind Wellen auf dem Meer des Lebens, ein Auf und Ab. Es hat keinen Zweck, an solch wechselhaften Formen anzuhaften. Sei die Welle und wisse, dass du zum großen Meer des Seins gehörst. Das ist die letzte Einfachheit.«

»Aber ich bin Nandini. Ich bin dieser Körper, dieses Fleisch und Blut.« Sie berührte ihr Gesicht mit beiden Händen. »Ich bin diese Person mit meiner eigenen, individuellen Persönlichkeit, meiner eigenen Seele.«

»Das bist du und bist du nicht. Wenn du darüber hinausblickst, siehst du den großen Zusammenhang. Was ist von dir übrig, wenn die Nahrung, die du isst, das Wasser, das du trinkst, und die Luft, die du atmest, deinem Körper genommen wird? Was du deine ›individuelle Persönlichkeit‹ oder deine ›besondere Seele‹ nennst, ist nicht vom Himmel gefallen. Wenn du dir deinen Vater und deine Mutter wegdenkst, alle Einflüsse von deinen Vorfahren, alle Kultur, Sprache und Sichtweisen, die du angenommen hast, was ist dann übrig von dir? In jenem großen Zusammenhang trägst du die gesamte Geschichte der Evolution in dir, und alle Jahrmillionen der Zukunft, das ganze Netz der Beziehungen, den ständigen Tanz des Lebens. Du bist viel, viel mehr als diese kleine, individuelle Seele, gefangen in dieser Persönlichkeit aus Fleisch und Blut. Du bist unendlich fließende Energie, du bist unteilbar. Das ist es, was dich zum Individuum macht.«

»Ich verstehe«, sagte Nandini. »Ich war offenbar in die Angewohnheit verfallen, mich an mein getrenntes Selbst zu klammern, doch jetzt begreife ich, dass die gesamte Existenz — ich eingeschlossen — ein Tanz von Energie ist, der keine Grenzen kennt: von der Erde zum Menschen und zurück zur Erde, mit allem, was dazwischenliegt.«

»Genauso ist es, Nandini«, sagte der Buddha. »Alles Leben und alle Dinge fließen ineinander.«

Nandini verbeugte sich vor dem Buddha. Sie war beruhigt und machte sich auf den Heimweg.

KAPITEL 5

Der Ruf nach Rache

Während der verwundete Ahimsaka in seiner Hütte im Jeta-Hain ruhte, stritt die Meute in Savatthi noch untereinander.

»Wir hätten ihn töten sollen«, rief einer.

»Er ist gar kein Mönch, er tut nur so«, sagte ein anderer.

»Nein, nein, wir können keine Selbstjustiz üben. Lasst uns vor den König treten. Wir müssen ihm berichten, dass wir Angulimala gefunden haben, und fordern, dass man ihn festnimmt.«

»Und wer bekommt die Belohnung?«

»Ich! Ich war der Erste, der ihn erkannt hat!«, rief ein junger Mann.

»Nein, das stimmt nicht. Ich war es, ich habe ihn entdeckt«, behauptete ein anderer.

»Schaut euch um, wie viele sind wir hier? Eins, zwei, drei ... zehn. Wir haben ihn alle zusammen gefunden, lasst uns die Belohnung also unter uns aufteilen — das macht für jeden immerhin hundert Goldstücke.«

Die Aussicht auf solchen Reichtum erfreute sie sehr.

ALS DIE MÄNNER *im Palast ankamen, hatten sie Glück, denn es war die Zeit der Massenaudienzen, wo der König den Anliegen gewöhnlicher Bürger ein Ohr schenkte.*

»Majestät, wir bringen gute Neuigkeiten. Wir haben den meistgesuchten Terroristen gefunden, den größten Verbrecher, den Volksfeind Angulimala. Er hat sich als Mönch verkleidet und lebt jetzt beim Buddha im Jeta-Hain.«

Der König lauschte geduldig und fragte dann: »Wo habt ihr ihn gesehen?«

»In unserer Stadt, Majestät, vor dem Haus der reichen Nandini. Sie gewährte ihm Schutz und hat ihn in ihrem Wagen zum Buddha zurückgebracht.«

»Woher wisst ihr, dass der Mönch Angulimala war?«

»Wir haben ihn erkannt, Majestät, und dann

gab er es sogar zu, obwohl er behauptete, er hätte sich geändert und beim Buddha Zuflucht gefunden. Aber wie könnten wir ihm das glauben, Majestät? Er ist schließlich Angulimala, und der kann sich ebenso wenig ändern, wie ein Leopard seine Flecken ändern könnte. Er ist ein Terrorist durch und durch. Er muss öffentlich hingerichtet werden, als Warnung für andere Terroristen. Wir verstehen auch nicht, Majestät, wie die vornehme Nandini und der Buddha einen Terroristen beherbergen können. Das kann doch nicht erlaubt sein. Entweder sie sind für uns, oder sie sind gegen uns. Wenn sie einem Terroristen Zuflucht gewähren, sollten sie ebenfalls bestraft werden.«

»Bürger, bitte setzt euch und lasst uns reden. Ich lasse euch kühlen Mangosaft bringen.«

»Danke, Herr, aber wir hätten jetzt gern die Belohnung von tausend Goldstücken, die ihr ausgeschrieben hattet.«

»Ja, Bürger, ihr verdient eure Belohnung, und

ihr werdet sie bekommen. Aber lasst euch eines sagen: Der Buddha ist das angesehenste, weiseste und erleuchtetste Wesen, das ich kenne. Wenn jemand bei ihm Zuflucht nimmt und der Buddha ihm in seinem Kloster Schutz gewährt, dann sollten wir die Rechte des Flüchtlings anerkennen. Meint ihr nicht auch?«

»Nein, Majestät, wir sind ganz anderer Meinung. Nach diesem Beispiel würden andere Kriminelle die Zuflucht beim Buddha nur als leichten Ausweg sehen, ihrer Strafe zu entgehen. Angulimala hat uns Gewalt angetan. Wir wollen Gerechtigkeit.«

»Bürger, eure Angehörigen werden nicht wieder lebendig, wenn wir Angulimala töten. Sollten wir die Übeltäter nicht lieber ermutigen, sich zu ergeben und ihren Schandtaten abzuschwören? Darin war der Buddha jedenfalls erfolgreicher als meine Streitkräfte. Warum sollen wir ihm also nicht die Chance geben, Menschen zu ändern und Verbrecher zur Besserung zu bekehren?«

»So schwache Worte haben wir noch nie von Euch gehört, Majestät. So schwach haben wir Euch noch nie gesehen. Unser Staat sollte niemals zu einer Freistatt für Kriminelle werden.«

»Bürger, dies ist das erste Mal, dass ich einen Terroristen gesehen habe, der seine Irrtümer einsieht und dem Verbrechen tatsächlich abgeschworen hat. Ich war mit meinen fünfhundert berittenen Soldaten auf der Suche nach ihm, als wir zufällig in die Nähe dieser Freistatt des Buddha kamen. Zu meinem Erstaunen sah ich dort Angulimala, hörte ihn lehren und fand, dass er wie neugeboren war. So wie Angulimala sich vom Terroristen zum Mönch verwandelte, so wurde ich vom harten Richter zum barmherzigen König. Ja, meine Bürger, ich habe ein neues Licht gesehen. Ich habe mich geändert. Ich habe erkannt, dass die sogenannte ›weiche‹ Möglichkeit in Wirklichkeit die schwerste ist. Es wäre leicht, den Buddha zum Mittäter zu erklären, ihn als Beschützer von Terroristen zusammen mit Angulimala festzunehmen und ihn der Beihilfe und Begünstigung anzuklagen. Das wäre einfach. Der Buddha und Angulimala sind vollkommen wehrlos, und meine Armee ist gut ausgerüstet — die stärkste und mächtigste Streitmacht weit und breit. Doch jetzt sehe ich die Welt anders. Ich sehe, dass wir mehr Buddhas und mehr Mönche brauchen anstatt mehr Soldaten, Polizisten und Gefängnisse.«

Die Bürger trauten kaum ihren Ohren. Es herrschte bestürztes Schweigen. Nach einer Weile erhob sich Flüstern, und die Leute schauten sich gegenseitig an und nickten.

»Der König hat recht, da ist etwas dran.«

»Das ist eine ganz neue Methode, mit Verbrechern fertig zu werden.«

»Aber wo bleibt die Gerechtigkeit?«, sagte einer, dessen Sohn Angulimala zum Opfer gefallen war.

»Was wird aus Rache und Vergeltung?«, sagte ein anderer, der seinen Bruder verloren hatte.

»Wohin würde uns solche Rache schon führen?«, fragte dann aber ein alter Mann.

»Was wird aus dem Schutz für die Bürger? Wer schützt uns jetzt vor Gefahren?«, wollte ein Kaufmann wissen.

»Angulimala steht unter der Aufsicht des Buddha und muss den Regeln des Klosterlebens folgen. Er stellt kaum eine Gefahr dar, für niemanden«, warf ein Tempelpriester ein. »Wenn der Buddha und seine Majestät einer Meinung sind, was gut und was schlecht ist, was recht und was unrecht, dann müssen wir ihnen vertrauen.«

Der König bemerkte Zeichen der Befriedigung unter seinen Bürgern, rief seinen Schatzmeister herbei und sagte ihm, er solle ihnen die tausend Goldstücke aushändigen.

»Bürger, da wir nun wissen, wo Angulimala sich aufhält, ist es nur recht und billig, dass die Situation in aller Öffentlichkeit geklärt wird. Er soll vor Gericht gestellt werden und seinen gerechten Prozess bekommen, wie es das Gesetz vorschreibt. Geht also und gebt all den Familien Bescheid, die Verwandte verloren haben, dass wir uns am Tag des Vollmonds versammeln und diesen Fall und unser Vorgehen für die Zukunft verhandeln werden. Wir werden den Buddha und Angulimala vorladen sowie andere Weise und Staatsbürger«, ordnete der König an.

KAPITEL 6

Triumph der Vergebung

Am Tag des Vollmonds versammelten sich adlige Männer und Frauen, Sadhus in den safrangelben Gewändern der Mönche, weise Männer aus den Wäldern, Brahmanenpriester, Kaufleute und Grundbesitzer im großen Hof des Königs. Der Buddha erschien in Begleitung Ahimsakas und anderer Mönche. Mahavira, der Jina*, reiste mit seinem asketischen Gefolge an, um der Versammlung ebenfalls seine Ehre zu erweisen. Auch Ahimsakas Familie, sein Vater und seine Mutter, seine Schwestern und Brüder, Tanten, Onkel, Neffen und Nichten waren erschienen, und mit ihnen Hunderte Shudras, arme aber würdevolle Arbeiter aus der untersten Kaste, getrennt von allen anderen, aber in Sichtweite des Königs, wenngleich außerhalb des Haupthofes.

---

* Der »Siegreiche«, der Begründer des Jainismus

DIE GÄSTE WURDEN mit Rosenwasser besprenkelt, was einen süßen Duft und eine ruhige Atmosphäre erzeugte.

»Meine geliebten Bürger von Savatthi, dies ist ein schwerer Tag, denn heute wollen wir die Verletzungen und Wunden, die viele von euch erlitten haben, anerkennen und nach Wegen suchen, sie zu heilen. Die Betroffenen unter euch, die ihrem Schmerz, ihrem Verlust und ihrem Leid Ausdruck geben möchten, sollen offen sprechen, ohne Furcht.«

Der König verstummte, und Stille lag über der Versammlung. Nach einigen Augenblicken erhob sich ein Mann aus der Menge und sprach:

»Eines Nachmittags machte sich mein Sohn, gerade dreizehn, auf den Weg, seine Freunde in einer Nachbarstadt zu besuchen. Er kehrte nie zurück. Die ganze Familie wartete und wartete bis tief in die Nacht. Am nächsten Morgen ging ich in die Stadt und erfuhr von seinen Freunden, dass er sie am frühen Abend verlassen und sich auf den Heimweg gemacht hatte. ›Was ist mit ihm geschehen, wo ist er?‹, fragte ich mich besorgt. Nach langer Suche fanden wir seinen Leichnam dann im Straßengraben, alle Finger abgeschnitten, in einer Blutlache. Das war Angulimalas Tat. Er hat mir meinen Sohn und Erben geraubt. Ohne diesen Sohn droht meiner Familie eine düstere Zukunft.«

DER MANN WAR in Tränen. Er konnte nicht mehr sprechen. Die zornige Masse blickte voller Grauen auf Angulimala.

Ein junger Mann sprang auf und sagte: »Ich spreche für mich und meine Großmutter. Mein Großvater war blind und gebrechlich. Er konnte sich nicht verteidigen. Eines Tages machte er sich auf einen Morgenspaziergang, einfach weil es seinen steifen Knochen guttat. Aber dann lief er diesem grausamen, brutalen Angulimala über den Weg, der ihn auf offener Straße niederschlug und verbluten ließ.«

Dann erhob sich ein Knabe und begann: »*Mein Vater ging in den Wald, um Holz zu sammeln, aber er kam nie mehr heim. Nach vielen Tagen fanden wir den Leichnam. Die Geier hockten auf ihm und rissen ihm das Fleisch von den Knochen. Ich habe heute noch Alpträume davon.*«

Ähnliche Stimmen des Schmerzes, eine nach der anderen, versetzten die Versammlung so in Entsetzen, dass sich Trauer und Wut auf sie legte wie eine drückende, schwere Wolke.

DER BUDDHA SCHAUTE *Ahimsaka an und legte ihm eine Hand auf die Schulter. Aller Blicke lagen auf ihnen. Ahimsaka atmete tief ein und aus, fasste Mut, sammelte sich und stand schließlich auf und sprach folgende Worte:*

»*Ich bin all dessen schuldig, von dem hier gesprochen wurde, und vieler anderer Untaten. Ihr denkt vielleicht, ich verdiene keine Vergebung, und vielleicht habt ihr absolut recht damit. Ich werde* jedes Urteil akzeptieren, das der König spricht, der die Anliegen aller Versammelten vertritt. Ich wäre jedoch dankbar, wenn ich meine Geschichte erzählen dürfte.«

Ahimsaka schaute den König an.

»Rede nur, erzähle.«

»Ich wurde als Dom geboren. Die Doms sind die armen Teufel, die für euch die Kadaver einsammeln und beseitigen, besonders nach den Tieropfern, die die Priester den Göttern weihen. Die andere Aufgabe meiner Familie und meiner von allen Kasten ausgeschlossenen Gruppe ist, die Jauchegruben zu leeren und die Fäkalien wegzubringen. Das ist die niederste Arbeit, die es gibt in unserer Gesellschaft. Alle diese Menschen leben in Verachtung, Unterdrückung und Absonderung. Die Doms gelten als zu schmutzig, das Land zu pflügen, zu schmutzig, um Wasser aus den öffentlichen Brunnen holen zu dürfen, zu schmutzig, um andere Menschen zu berühren, zu schmutzig für den Tempel, zu schmutzig, die heiligen Schriften zu hören, zu schmutzig, von anderen angesprochen zu werden. Es ist so, als existierten wir alle überhaupt nicht.

Als junger Mann hasste ich diese Behandlung. Ich war rasend vor Wut. Mein Vater – du stehst dort draußen – versuchte, mich zu beruhigen, doch das machte mich nur noch zorniger. Ich habe mich gegen dich aufgelehnt, Vater, ich habe dich sogar geschlagen. Es tut mir leid.«

Ahimsaka holte kurz Atem. Es herrschte vollkommene Stille.

»Enttäuscht und bedrückt ging ich also von zu Hause weg und kam zu dem Schluss, dass ich Kontrolle über die Gesellschaft erlangen musste, dass ich selbst der Herrscher sein musste, um der Unterdrückung und Absonderung, die mich und meine Leute vernichteten, ein Ende zu bereiten. Das Schwert, das mir selbst so viel Schmerz und Kummer gebracht und die Feindschaft zwischen mir und der Gesellschaft geschürt hat, war mein Weg zur Macht.

Doch jetzt habe ich das Licht gesehen. Dank Gautama, dem Buddha, erkenne ich jetzt, dass der Zweck nicht die Mittel heiligt. Was man tut, sollte gut und recht sein, von Anfang bis Ende. Nur durch Verwandlung im Herzen und im Bewusstsein können wir der Unterdrückung ein Ende bereiten. Um andere befreien zu können, müssen wir in uns selbst frei sein. Hier bin ich also und erwarte euer Urteil.«

OBWOHL ANGULIMALAS Worte ernsthaft waren, sahen die meisten Bürger keinen Zusammenhang zwischen dem Kastensystem und seinen entsetzlichen Taten. Sie verstanden nicht, wie Angulimala dem System die Schuld geben oder es als Entschuldigung für seine Verbrechen anführen konnte. Schließlich führten die meisten Doms und Unberührbaren ein gesetzestreues Leben.

DANN SPRACH MAHAVIRA, der Jina.

»Majestät, erleuchteter Gautama, Bürger von Savatthi. Wir müssen uns klarmachen, dass Gewalt nicht auf körperliche Gewalt beschränkt ist. Furcht ist Gewalt; Kastendiskriminierung ist Gewalt; Ausbeutung anderer, wie unmerklich diese auch sein mag, ist Gewalt; Absonderung ist Gewalt; schlecht über andere denken und andere verurteilen ist Gewalt. Wenn wir weniger individuelle, physische Gewalttaten wollen, müssen wir die psychische und gesellschaftliche Gewalt verringern. Wir müssen die Einrichtungen reformieren, die Gewalt fördern. Unser Ziel muss sein, jede Gewalt auf allen Ebenen auszuschalten: geistig, verbal, persönlich und gesellschaftlich, einschließlich der Gewalt an Tieren, Pflanzen und allen anderen Lebensformen. Angulimalas Gewalt war nur ein winziger Ausschnitt aus der Welt der Gewalt, so extrem und eklatant seine Taten auch gewesen sein mögen. Seine Gewalt war jedoch verknüpft mit der weniger sichtbaren

Gewalt, an der unsere Gesellschaft krankt. Deshalb sollten wir Angulimala dankbar sein, dass er uns dazu gebracht hat, tief in uns zu gehen und uns einer Selbstprüfung zu unterziehen.«

DIE REDE WURDE plötzlich von empörten Rufen unterbrochen. Die radikalen Gedanken des Mahavira erwiesen sich als zu unbequem und unerträglich für die Bürgerschaft.

»Das Kastensystem und die gesellschaftliche Hierarchie sind Teil der natürlichen Ordnung. Die Gesetze, die diese Ordnung festlegen, haben wir von den Weisen der Vorzeit empfangen, in uralter Zeit Sie halten unsere Gesellschaft zusammen. Wir haben uns hier nicht versammelt, um unsere Traditionen umzustürzen und die Gesellschaft zu zerstören. Wir sind hier, um über Angulimalas Verbrechen Gericht zu halten«, protestierte ein Brahmane.

Die Unruhe wurde immer lauter. Fast drohte allgemeiner Aufruhr.

»Zur Ordnung!«, riefen die königlichen Marschälle.

Als schließlich wieder Ruhe herrschte, fuhr Mahavira, der Jina, fort: »Ich weiß, ich spreche damit fundamentale Fragen an, aber es ist wichtig, dass wir die richtigen Fragen stellen, ganz gleich wie unbequem sie sind, wenn wir zu den richtigen Antworten gelangen wollen. Wir müssen die Wurzeln der Gewalt angehen, sonst werden wir es bald mit vielen Angulimalas zu tun haben, selbst wenn wir heute einen hinrichten. Alle Menschen sind als Menschen geboren, weder hoch noch niedrig. Menschen sind nach ihren Taten zu beurteilen, nicht nach ihrem Geburtsstand, nach ihrem Charakter, nicht nach ihrer Kaste. Wir sollten auch nicht vergessen, dass auch Tiere leben wollen, genau wie wir Menschen. Deshalb ist es die Pflicht jedes guten Menschen, die Tiere zu achten und sie nicht zu töten, weder zur Nahrung noch in Opferritualen.«

Wieder erhoben sich Unbehagen und Unruhe in der Menge.

Dann sprach Gautama, der Buddha.

»Majestät, erleuchteter Mahavira, meine geliebten Bürger, unser König hat uns große Gnade erwiesen, indem er uns heute hierher eingeladen hat. Vor eine Reihe lebenswichtiger Fragen gestellt, fürchten wir uns nicht, nach den rechten Antworten zu forschen. Wir alle ändern uns unablässig. Das Einzige, was wir nicht können, ist, diesen Prozess, diesen Wandel aufzuhalten. Nur durch Veränderung können wir wachsen und uns entwickeln. Lasst uns also keine Furcht haben vor Veränderung. Von dem erleuchteten Mahavira haben wir tiefgründige Worte der Weisheit gehört. Selbst wenn nicht jeder in der Lage ist, einen so hohen Grad der Gewaltlosigkeit zu erlangen, können wir noch heute damit beginnen, kleine Akte der Barmherzigkeit zu vollbringen. Es gibt einen Mittelweg. Der Mittelweg ist, durch besondere Fähigkeiten unsere persönlichen

und gesellschaftlichen Beziehungen zu verfeinern und zu verwandeln. Das können wir erreichen, indem wir uns auf die universelle Wahrheit der Verbundenheit konzentrieren. Wir sind alle voneinander abhängig, Reiche und Arme, hohe und niedere Kasten, Mensch, Tier und Pflanze. Das Universum ist ein vernetzter Prozess der Entfaltung. Nur durch Klarsicht und Großzügigkeit können wir diesen und andere Konflikte lösen.«

NACH DEN MACHTVOLLEN Reden des Mahavira und des Buddha fielen die versammelten Bürger in betäubtes Schweigen. In dieser Stille erhob sich der Staatsanwalt von seinem Platz und sprach zum König.

»Majestät, diese beiden großen Heiligen unseres Zeitalters haben dieser Welt entsagt. Für sie ist es also leicht, von Gewaltlosigkeit, Barmherzigkeit und Vergebung zu reden. Wir leben aber in der wirklichen Welt. Wir haben gehört, welchen Kummer die Opfer leiden und wie Angulimala ihr Leben zerstört hat. Wenn wir Angulimala laufen lassen, schädigen wir dadurch die Gesellschaftsordnung. Nur wenn wir ihn angemessen bestrafen, können wir hoffen, andere davon abzuschrecken, zu Verbrechern zu werden. Die Staatsführung kann nicht ausschließlich religiösen Regeln gehorchen. Der Staat hat die Pflicht, das Gesetz zu vollstrecken, und deshalb, Majestät, muss Angulimala hingerichtet werden. Jede geringere Strafe wäre unzulänglich, Herr. Das Gesetz muss durchgesetzt werden, nichts ist wichtiger.«

Der Staatsanwalt erntete mit seiner Rede einigen Applaus. Danach herrschte wieder ernstes Schweigen. König Pasenadi erschien beunruhigt, verstört und unsicher. Er schaute sich um, ob noch jemand anderes das Wort ergreifen wollte. Da trat Sujata, eine Frau von etwa dreißig Jahren mit einem Säugling auf dem Arm, aus der Menge hervor. Sie hatte Mühe, ihre Gefühle zu beherrschen und brauchte einen Moment, bis sie sich gefasst hatte. Die Blicke aller lagen jetzt auf ihr. Sujata trug einen schwarzen Sari, ein Zeichen des Todes und der Trauer, und keinerlei Schmuck, die großen Mandelaugen traurig und voller Tränen. Jeder wusste, wer sie war: die Witwe eines Poeten, dessen Lieder die ganze Nation bezaubert hatten. Angulimala hatte ihn brutal ermordet, nur um seine Finger um den Hals tragen zu können.

DER STAATSANWALT schaute voller Abscheu auf Angulimala. Er war sicher, dass Sujatas Aussage die Höchststrafe für den Mörder besiegeln würde. Der König würde bestimmt verstehen: Sujata war ihr geliebter Mann geraubt worden, dem Säugling der Vater und der Nation der verehrte Poet. Dies war ein unsägliches Verbrechen, ein zutiefst verabscheuungswürdiger Mord. Für solch eine Schandtat konnte es gewiss keine Gnade geben.

SUJATAS KURZES SCHWEIGEN schien eine Ewigkeit zu währen. Endlich war eine sanfte Stimme zu hören. Sie sagte: »Ich habe hier gesessen und mit meinem Schicksal gehadert. Der Verlust meines Mannes hat mich und mein Kind in tiefstes Unglück gestürzt. Die Narben dieses Verbrechens werden wir bis an unser Lebensende tragen müssen. Das Bild meines Mannes verfolgt mich unablässig. Ich kann nicht schlafen, nicht essen; es ist so schwer, ohne ihn zu leben, Tag für Tag. Zugleich staune ich aber, wie Angulimala sich verändert hat: ein geständiger Verbrecher, doch jetzt mit geschorenem Kopf; wie ein Heiliger, so sitzt er hier unter uns. Es fällt mir schwer, damit fertig zu werden. So etwas habe ich noch nie erlebt.«

SUJATA HIELT INNE, um Luft zu schöpfen. Der Staatsanwalt war offenbar verwirrt. Was würde als Nächstes geschehen? Aber der König schien wieder entspannt. Er wollte, dass Sujata fortfuhr und der Versammlung mehr von dem tiefen Zwiespalt erzählte, in dem sie sich befand.

»Majestät, einerseits will ich, dass Angulimala hart bestraft wird, damit er wenigstens als abschreckendes Beispiel dient. Andererseits weiß ich, dass mir Angulimalas Tod meinen Mann nicht wiedergibt. Ich frage mich, was es nützt, wenn noch jemand stirbt, und welchen Nutzen mein Kind davon hat?«

Sujata hielt wieder inne. Das Publikum staunte über ihre Worte, und der König schwieg erwartungsvoll. Der Staatsanwalt hatte den Blick abgewandt. Das war nicht, was er von Sujata hören wollte.

»Bitte fahre fort«, befahl der König.

»Majestät, es mag wahr sein, dass Angulimala sich wirklich geändert hat, und ich glaube den Weisen, die sagen, es sei so. Ich sehe keinerlei Gewalt in seinen Augen. Unter diesen Umständen seinen Tod zu fordern wäre nichts als Rache. Daran wollte ich aber keinen Anteil haben, denn ich sehe meinen Mann vor mir, wie er sagen würde, Angulimalas Beispiel gebe all denen Hoffnung, die Verbrechen begangen haben und jetzt im Kerker sitzen oder in den Untergrund getrieben wurden. Angulimalas Beispiel zeigt, dass niemand für immer verdammt bleiben muss.« Sujata brach in Tränen aus. Nandini, die neben ihr saß, stand auf und tröstete sie.

WEN DER IDEALISMUS des Mahavira und des Buddha noch nicht überzeugt hatte, erwärmte sich für Sujatas Worte. Wenn Sujata bereit war, zu vergeben, so dachten sie, dann müssten sie alle ihrem Beispiel folgen. Sujatas Gram und Würde waren überwältigend.

DER STAATSANWALT SPÜRTE, dass er jetzt allein dastand. Der König nutzte die Stimmung in der Menge, die Offenheit und Empfänglichkeit nach Sujatas Rede, und sprach:

»Gautama, der Buddha, und Mahavira, der
Jina, sind die erleuchtetsten Wesen unserer Zeit.
Wir danken beiden, dass sie unseren Horizont erweitert haben. Nach reiflicher Überlegung und
Anhörung aller Argumente, die heute hier vorgebracht wurden, besonders der ernsthaften Rede von
Sujata, übe ich mein königliches Privileg aus und
erkläre eine Amnestie für Angulimalas Taten. Ich
begnadige ihn also hiermit. Ich bin überzeugt, dass
er der Gewalt tatsächlich abgeschworen hat und
sein Beispiel anderen helfen wird, ebenfalls von Gewalt abzustehen. Ein einzelner Mensch, der Buddha,
hat erreicht, was meine ganze Armee nicht erreichen
konnte. Dafür bin ich dem Buddha dankbar.
Mahavira, deine Vision von Ganzheitlichkeit und
Integration bietet eine großartige Inspiration für
uns alle. Ich danke auch den gelehrten Weisen und
heiligen Männern, die ihre Großzügigkeit bewiesen
haben, indem sie diese Versammlung mit ihrer Anwesenheit ehrten. Euch allen sei Dank. Bürger von

Savatthi, lasst uns diesen Tag zu einem Tag der Heilung und Versöhnung machen, einen Tag des Neubeginns und der Hoffnung. Und nicht zuletzt: Hier ist ein Topf für eure Spenden zur Unterstützung derer, die Angehörige verloren haben. Bitte seid großzügig. Danke, dass ihr gekommen seid.«

DER KÖNIG SPENDETE selbst tausend Goldstücke, und der Spendentopf war bald voll.

Obwohl nicht jedermann mit dem König und seinem milden Urteil einverstanden war, akzeptierten sie die Entscheidung und schätzten die Weisheit und Großherzigkeit ihres Herrschers.

NACH JENER bemerkenswerten Versammlung, machte sich der Buddha mit Ahimsaka an das große Werk, die Diskriminierung zwischen den Kasten zu beseitigen, besonders aber das Stigma der sogenannten »Unberührbaren«. Sie lehrten, dass alle Menschenwesen, was immer ihr Geburtsstand ist, rotes

Blut haben und salzige Tränen weinen und dass alle den Wunsch haben, zu leben und glücklich zu sein. Es gibt keinen Grund für Diskriminierung jedweder Art. Viele Angehörige der unteren Kasten und der Unberührbaren nahmen beim Buddha Zuflucht und wurden Mönche. Vielen anderen gewährte der König Land und neue Einkommensquellen. Der Buddha und Ahimsaka inspirierten Tausende und Abertausende, inneren Frieden zu suchen und mit sich selbst und allen anderen Geschöpfen in Harmonie zu leben, indem sie Ehrfurcht, Barmherzigkeit und Nächstenliebe übten.

KAPITEL 7

Vom Tod zum Leben

*E*ines Morgens nahm Ahimsaka seine Bettelschale und machte sich auf den Weg nach Savatthi. Am Wegesrand, nicht weit vom Jeta-Hain, fand er eine Frau in Geburtswehen keuchend und schreiend unter einem Baum. Das junge Mädchen in ihrer Begleitung konnte nicht helfen. Ahimsaka konnte nicht einfach an den beiden vorbeigehen, doch da er nicht wusste, was ein Mönch in einer solchen Situation zu tun hatte, eilte er zum Buddha und bat ihn um Rat.

»Gesegneter, dort draußen liegt eine Frau in schweren Geburtsqualen. Was kann ich tun?«

»Hilf ihr. Sage zu ihr: ,Ich habe niemandem je etwas zuleide getan und niemanden getötet. Ich segne dich mit dem Wert und der Kraft meiner Unschuld. Möge deine Geburt leicht und friedvoll sein.«

Der Buddha wartete Ahimsakas Reaktion ab.

»Aber, Erleuchteter, wie kann ich das sagen, ohne zu lügen? Du weißt, ich habe so viele Leben auf dem Gewissen und so vielen Menschen Leid zugefügt.«

»Es freut mich, dass du so gewissenhaft bist. Du hast die Prüfung bestanden. Der Wert deiner Ehrlichkeit wird der Frau sicherlich helfen. Bitte sag ihr: ›Seit ich beim Buddha Zuflucht nahm, habe ich aller Gewalt abgeschworen, sei es geistige, verbale oder körperliche Gewalt. Wenn meine Gewaltlosigkeit echt ist, dann mögen meine Gebete und Segnungen dir die Geburt leichter machen und du und dein Kind mögen unversehrt sein.‹«

Ahimsaka verabschiedete sich von Buddha und ging zu der Frau zurück, die immer noch in großen Schmerzen lag und jetzt noch lauter schrie. Ahimsaka, überwältigt von tiefem Mitgefühl, sagte: »Schwester, ich wandere als Bettelmönch durchs Land und folge dem Weg des Buddha. Wenn meine Hingabe echt ist, wenn sie wahrhaftig ist und wenn Barmherzigkeit zu einem Teil meines inneren Seins geworden ist, möge dir die Kraft meiner Liebe die Geburt erleichtern, damit du keine Schmerzen mehr leiden musst.«

AHIMSAKAS LIEBEVOLLE Stimme und seine Ausstrahlung entspannten die Frau, und Ahimsaka sprach weiter, als er sah, dass seine sanften Worte Wirkung zeigten. »Schwester, die Mutter meines Herrn, des erleuchteten Buddha, war ebenfalls unterwegs in ihrer Schwangerschaft. Sie hielt sich an einem Baum fest, als sie ihr Kind gebar.«

DIE FRAU GRIFF NACH einem niedrigen Ast, der über ihr hing.

»Schmerzen gehören zum Leben, Schwester. Indem wir das akzeptieren, lindern wir den Schmerz. Sträube dich nicht. Widerstand gegen Schmerzen führt zu Anspannung und Beklemmung, und Beklemmung führt zu Furcht. Die Furcht vor Schmerzen ist schlimmer als der Schmerz selbst. Du brauchst dich nicht zu fürchten, es gibt keinen Grund dazu. Du bist nicht allein, ich bin hier. Ich biete mein Leben und meine Liebe für deine Gesundheit.«

MIT AHIMSAKAS HILFE waren die Schmerzen nicht mehr so schlimm, und die Frau gebar ein gesundes und hübsches Baby. Ahimsaka, der als Angulimala so viele Leben genommen hatte, half jetzt, ein neues Leben zur Welt zu bringen. So erlangte er in diesem Augenblick und an diesem Ort Erleuchtung. Ein Terrorist wurde zu einem Buddha.

AHIMSAKA VERZICHTETE auf sein Mittagsmahl und blieb bis zum späten Nachmittag. Sobald die Frau sich von der Geburt erholt hatte, setzte sie sich auf und lehnte sich an den Baum, den Säugling in ihren Armen.

»Wie schön, zu sehen, dass ihr beide wohlauf seid, du und das Baby«, sagte Ahimsaka. Er dachte über das Geschehene nach und empfand tiefe Dankbarkeit, dass der Buddha ihm erlaubt hatte, bei der Geburt zugegen zu sein. Er hätte auch sagen können: »Kümmere dich um deine eigenen Angelegenheiten, Ahimsaka. Besorge uns etwas zu essen. Das

Leben ist voller Schmerz und Leiden. Mische dich nicht ein in weltliche Dinge.« Doch das hatte er nicht gesagt. Der Erleuchtete ist wirklich barmherzig.

DIE FRAU WAR FROH, dass Ahimsaka noch bei ihnen stand, obwohl Stunden vergangen waren und die Zeit für sein Mittagessen längst vorbei war. »Mönch, ich bin froh, dass du bei mir bist, aber solltest du dich nicht von solchen Dingen fernhalten? Lenke ich dich nicht von deinem spirituellen Pfad ab?«

AHIMSAKA WAR VERBLÜFFT, dass die Frau ihn so befragen konnte. Vor gar nicht langer Zeit hatte sie noch um Hilfe geschrien und jetzt konnte sie ihn schon über seine Religion befragen. »Nein, es ist keine Ablenkung«, antwortete er. »Ich habe den Buddha persönlich um Anleitung ersucht, und er riet mir, ich sollte die Werte meines spirituellen Lebens einsetzen, um dich zu segnen. Es ist meine Berufung, allen Lebewesen dabei zu helfen, Erlösung von ihrem Schmerz zu finden, sei dieser körperlicher oder geistiger Natur.«

»Aber solltet ihr Mönche nicht dem Weg der Loslösung folgen?«, fragte die Frau weiter.

»Ja, das sollten wir, aber es bedeutet nicht, dass wir den ganzen Tag im Kloster hocken und meditieren und uns nicht um die Welt kümmern. Loslösung heißt nicht, dass wir gleichgültig, tatenlos und unbeteiligt sein sollen. Wir können nicht für die Befreiung aller Lebewesen wirken und dabei unbeteiligt und distanziert bleiben«, antwortete Ahimsaka.

»Wie könnt ihr aber dann jede Anhaftung vermeiden? Wo ist der Unterschied?«

»Anhaftung bedeutet, dass man sich an etwas klammert, dass man an eine Person, einen Ort oder eine Idee gebunden zu sein glaubt. Beteiligt zu sein heißt, zu erkennen, dass wir alle verwandt und verbunden sind, ohne jedoch aneinandergekettet zu sein. Ich habe keinen Besitztrieb in meinem Herzen, *ich bin nicht ›ich‹ und nichts ist ›mein‹. Losgelöst von jedem Sehnen und Gieren nach persönlichem Gewinn und Befriedigung, handeln wir Mönche aus Barmherzigkeit, nicht aus Anhaftung«*, erklärte Ahimsaka.

DER FRAU WAR NICHT danach, noch tiefere philosophische Forschungen anzustellen. Sie verstummte und wollte Ruhe. Ahimsaka wollte sie dennoch nicht allein lassen.

»Fühlst du dich jetzt kräftiger?«, fragte er.

»Ja, es geht mir gut«, entgegnete die Mutter. Sie versuchte, ihr Neugeborenes zu stillen. »Welche Erleichterung, dass der Schmerz vergangen ist.«

»Ich verstehe, Schwester, doch nur ein lebendiger Körper kann Schmerzen spüren, und nur ein lebendiges Herz kann Kummer leiden. Ein toter Körper und ein totes Herz kennen weder Schmerz noch Kummer. Die Erfahrung von Schmerz ist eine fundamentale Lebenswahrheit. Lebenskunst bedeutet, das Leid nicht zu verstärken oder zu übertreiben oder über Gebühr daran festzuhalten. Wir brauchen uns nicht daran zu klammern. Wenn es vorbei ist, ist es vorbei. Genau das ist es, was du soeben erfahren hast. Solcher Gleichmut ist der Quell der Glückseligkeit, wie du jetzt weißt.«

WÄHREND AHIMSAKA noch sprach, nahte eine Kutsche. Es war Nandini auf dem Weg zu einem ihrer Besuche beim Buddha. Das traf sich gut. Sie ließ den Fahrer anhalten, als sie Ahimsaka am Wegesrand sah, und bot freudig an, Mutter und Kind nach Hause zu bringen.

NACHWORT

von Allan Hunt Badiner

UNTER ALL DEN ERLEBNISSEN des Buddha ist die unmittelbare Begegnung mit einem wirklichen Terroristen vielleicht die wichtigste und relevanteste für uns in den Wirren des frühen 21. Jahrhunderts. Mit der Geschichte des gnadenlosen, bluttriefenden Angulimala bringt uns Kumar in Erinnerung, dass, sobald der Buddha in voller Absicht und großer Barmherzigkeit wirklicher Furcht gegenübertrat, die Furcht in diesem wirklichen Gegenüber augenblicklich verschwand.

Der König wird ohnmächtig, als er im zweiten Kapitel erfährt, dass der Novize, dessen Begabung als Lehrer ihn so beeindruckt hatte, kein anderer ist als der Mörder, den sein ganzes Königreich tot sehen möchte. Später erkennt der König: »Ein einzelner Mensch, der Buddha, hat erreicht, was meine ganze Armee nicht geschafft hat.«

Bald fand sich ein Mob vor dem König ein und beschwerte sich, dass die reiche Nandini und der Buddha einen Terroristen beherbergten. »Entweder sie sind für uns, oder sie sind gegen uns«, rief die Menge. Zum Glück war die Staatsführung in Savatthi vor Jahrtausenden weiser als die, mit denen wir es heute zu tun haben. Der König und die Bürger widerstanden schließlich der Versuchung, Unwissenheit mit Bosheit zu verwechseln. Angulimala war selbst das beste Beispiel für seine Lehren: Überzeugungskraft und vor allem gutes Beispiel sind besser als Verfolgung, wenn man Menschen beeinflussen will.

Am Ende zeigt diese Geschichte der Verwandlung des Angulimala in Ahimsaka, dass alle Menschen durch das tiefe Verlangen verbunden sind, zu leben und als Mitmensch betrachtet zu werden. Sie offenbart auch die Weisheit des Buddha — eine Weisheit, die uns so »gegen den Strich«, so gegen jede Intuition zu gehen scheint — und erinnert uns, dass buddhistische Praxis ein Weg zu der Erkenntnis ist, dass dasjenige, was wir für die »Wahrheit« halten, oft das genaue Gegenteil ist.

Wie Milarepa, der sich ein Jahrtausend später von einem gehässigen Magier in einen hingebungsvollen Yogi verwandelte, wurde Angulimala in einem einzigen Leben von einem entschlossenen Attentäter zu einem überzeugten Beschützer des Lebens und Wahrzeichen des buddhistischen Grundglaubens an die Vergänglichkeit und die endlosen Möglichkeiten des Wandels. Ahimsaka wurde als der Bezwinger des »Terroristen in uns« bekannt, der die Feinde bezähmte, die in uns selbst lauern, und schließlich als ein großer »Arhat« oder Erleuchteter.

Inspiriert durch Angulimalas Geschichte, gibt es heute in Europa, Australien und Indien Gefängnisprogramme mit Meditationskursen für die Insassen. Angulimalas Wandlung stiftet immer noch Hoffnung, dass selbst die heutigen Terroristen, seien es staatenlose Mörder oder Staatsoberhäupter, sich der Furcht stellen können, die in ihnen wohnt, und sich selbst und andere zu heilen beginnen.

SATISH KUMAR, in Indien geboren, studierte
Buddhismus und lebte neun Jahre als jainistischer
Mönch. Heute gibt er die Zeitschrift »Resurgence«
heraus und ist Programmdirektor am Schumacher
College in England. Er ist Autor zweier früherer
Bücher, »No Destination: An Autobiography« und
»You Are, Therefore I Am: A Declaration of Depen-
dence«.

THOMAS MOORE, der Verfasser der klassischen
New-York-Times-Bestseller »Care of the Soul« und
»Soulmates«, hält Vorträge und schreibt über Psy-
chologie, Mythologie und Imagination. Er lebte
zwölf Jahre lang als Mönch in einem katholischen
Orden und ist gelernter Theologe, Musikologe und
Philosoph.

ALLAN HUNT BADINER ist einer der Autoren
und Herausgeber von »Tricycle — The Buddhist
Review« und Umweltaktivist. Er ist Mitherausgeber

von »Zig Zag Zen« und Herausgeber von »Dharma Gaia, Mindfulness in the Marketplace« und anderen Büchern.